대·한·민·국·부·끄·러·운·보·고·서

염치 廉恥

대·한·민·국·부·끄·러·운·보·고·서

김학희

차례

프롤로그
부끄러움과 염치

부끄러움 … 13
염치 – 부끄러움을 아는 마음 … 15
부끄러움이 필요한 여섯 가지 이유 … 16
체면 – 한국적 부끄러움 … 19
노출 … 21
돈 … 23
거짓말 … 24

1 전 재산은 29만 1천 원

재산을 공개하시오 … 31
상상을 뛰어넘은 몰염치 … 31
29만 1천 원은 성실신고 … 35

추징금 2205억 원 부과까지 … 39
급물살 타는 5공 비리 청산 … 39

백담사로 유배 … 42
만신창이 국회 증언 … 45
2년 만에 집으로 … 48
나라 망신 구속 수감 … 50
골목길 성명 … 53
성공한 쿠데타에 대한 16년 만의 심판 … 55
마침내 추징금 확정 … 57
고작 8개월 만에 사면 … 58

멀고도 험난한 추징금 환수 … 60
벤츠 승용차 경매로 시작 … 62
결혼 축의금이 20억 원, 그것으로 불린 157억 원 … 63
알토란 같은 내 돈 130억 원 … 65
세뱃돈이 100만 원 … 67
추징금 시효 2009년 6월, 미납액 1670억 원 … 68

2 재벌 회장의 복수

누가 감히 내 아들을 … 73
재벌 봐주기 수사 … 78
폭행 혐의로 구속된 최초의 재벌 회장 … 81
"자세를 똑바로 하시오" … 84
관행 깨고 집행유예 없는 실형 선고 … 88
한화, 이렇지 로비했다 … 91
휠체어 공판 … 92
결국 집행유예로 석방 … 94
선고 이유에 대한 다른 생각 … 96
실종된 한국판 노블레스 오블리주 … 99

3 조작, 표절 그리고 위조

환자맞춤형 줄기세포는 없었다 … 105
생명공학의 신기원 … 105
불가능을 뛰어넘었다 … 106
찬란한 대성공 퍼레이드 … 108
영광은 잠시 … 110
줄줄이 이어지는 의혹 … 112
복제 줄기세포 만든 적 없었다 … 117
추락하는 신화 … 119
거짓은 거짓을 만들어 낸다 … 121

표절·중복게재·재탕 의혹 … 123
교육부총리 자격 논란 … 123
논문 표절 의혹 부인 … 125
꼬리 물고 이어지는 의혹 … 127
"나는 정당하다" … 128

학계의 잘못된 관행 … 131
기대는 컸지만 … 131
표절인가 아닌가 … 133
교수의회, 표절로 판정 … 135
재신임 투표의 역풍 … 136

가짜 학위로 쌓아올린 모래성 … 139
미술계의 신데렐라 … 139
가짜 예일대 박사 … 140
학력 위조 사건에서 권력형 비리 사건으로 … 143
두 사람은 연인 사이 … 145
몸통은 없었다 … 148
"가진 자의 겸손" 판결 … 151

4 모두 짊어지고 간 언치

한강에 뛰어들다 … 155
탄핵으로 가는 길목 … 157
국회 표결을 앞두고 … 160
참 부끄럽고 난감합니다 … 162
형님의 인사 청탁 … 166
경영 실적은 최고였는데 … 168
좋은 학교 나오고 크게 성공한 분이 … 171
총선으로 재신임 묻겠다 … 172
수치와 분노 사이에서 … 174
대통령 직무정지 … 176
열하루 만에 시신 발견 … 181
가혹한 국민 심판 … 182
탄핵 사유 안 된다 … 185
업무상 재해 아니다 … 187

5 현대차, 언치를 배우다

2006년 … 191
사면초가의 현대자동차 … 191
되살아나는 파업의 악몽 … 193
지지부진한 협상 … 194
울산과 포항의 뜨거운 여름 … 195
여름휴가에 맞춰 협상 타결 … 197
사상 최대의 파업 손실 … 199

2007년 … 201
아수라장으로 변한 시무식장 … 201

파업에 들어가다 ··· 205
도덕성에 큰 타격 입은 노조 집행부 ··· 208
상처뿐인 합의 ··· 210
한미 FTA 비준 반대 파업 ··· 213
실패로 돌아간 정치파업 ··· 216
시민단체를 고소하다 ··· 219
무분규 타결의 소중한 불씨를 살리다 ··· 220
현대차 노사의 염치 ··· 224

6 편지 한 장만 남기고

몰래 떠나는 염치 ··· 229
소록도여, 안녕 ··· 229
사랑하는 친구·은인들에게 ··· 231

천형(天刑)의 섬에서 ··· 234
소록도에 오다 ··· 234
아기들의 보모가 되어 ··· 237
환자들로 넘치는 치료실 ··· 239
열악한 형편 딛고 개별 치료 시작 ··· 240
환자들의 고민 해결사 ··· 242
선행은 왼손도 모르게 ··· 244
치료가 끝났는데도 갈 곳 없는 환자들 ··· 246
"내 집에 찾아오는 분들은 모두 예수님이야" ··· 247
상은 부끄럽고 불편하다 ··· 248
대수술을 하고도 변함없는 생활 ··· 249

그러나 이제는 떠나야 한다 ··· 252
소록도가 고향이고 집이지만 ··· 252
짐이 되지 않겠다는 염치 ··· 253
주기만 했던 소록도의 삶 ··· 254
수녀들이 떠나고 난 이후 ··· 256
절약이 도움의 원천 ··· 258
43년 봉사의 후유증 ··· 259

에필로그
한 동네 두 할머니의 염치

가진 것 다 내놓은 두 할머니 ··· 265

김춘희 할머니 ··· 266
전세금도, 장기도, 시신도 ··· 266
고아원 봉사 20년 ··· 268
다시 혼자 서울로 ··· 270
봉사가 내 할 일 ··· 272
'줘야 돌아오는 거야' ··· 273
"남을 섬길 줄 알았으면 좋겠어" ··· 274

박영자 할머니 ··· 276
다음의 빚 갚기 위해 평생 모은 1천만 원 기부 ··· 276
아끼고 또 아끼고 ··· 277
베풀고도 더 외로운 현실 ··· 278
우리를 쳐다보고 있다 ··· 280

후기 ··· 283

프롤로그

부끄러움과 염치

부끄러움

누구에게나 부끄러움은 싫은 감정이다. 가능하면 피하고 싶은 고통스러운 감정이다. 이렇게 내가 못났는가 하는 열등감으로 기분도 나빠진다. 얼굴도 붉어지고 숨도 가빠 온다. 후회가 물밀듯이 몰려오고 쥐구멍에라도 들어가고 싶다.

 이렇듯 비켜가고 싶은 부끄러움은 이겨내야 할 대상이다. 무슨 일이든 제대로 하기 위해서는 부끄러워해서는 안 된다고 배운다. 부끄러움을 극복하는 것이 먼저다. 당당하고 떳떳한 사람들이 대접받고 성공하는 현대 사회에서 소극적이고 부끄러워하는 태도는 실패의 지름길로 여겨진다. 오히려 뻔뻔해야 자기 몫을 찾고 치열한 경쟁에서 살아남을 수 있다고 확신한다. 그래서 부끄러움은 그 종류에 관계없이 점점 설자리를 잃어 가고 있다. 자기 PR 시대인 요즘에는 부끄러움 자체가 아예 죄악시되기까지 한다.

하지만 그와 정반대다. 부끄러워할 줄 아는 것, 그래서 사람이다. 동물은 부끄러움을 모른다. 본능만 있다. 부끄러움은 사람에게만 있는 특성이다. 도덕적 기준을 세우고 그 기준을 지키게 하는 부끄러움은 인간의 존엄성을 지키는 데 절대적인 역할을 한다. 나와 남의 관계를 정립하고, 나의 한계를 일깨워 주면서 사람 도리를 다하도록 한다. 그렇게 함으로써 인간 사회의 틀을 유지하고 공동생활을 가능케 하는 최상의 감정이 부끄러움이다.

사람은 의식이 성숙하면서 자신을 인식하는 자아가 형성되고, 내가 누구이며, 어떤 가치를 갖고 있는가 하는 자의식이 만들어진다. 내가 누구인가를 끊임없이 질문하는 과정을 통해 말하자면 다시 태어나는 것이다. 독립된 성인으로 성장시키는 핵심이 바로 부끄러움이다. 따라서 부끄러움에는 본능적인 욕구를 참아야 하고 후회와 번민에 시달려야 하는 고통이 뒤따른다.

어떤 사람이 돼야 하는지, 어떤 행동을 해야 옳은지, 자신을 둘러싸고 있는 사람과 환경과의 학습을 통해 기준을 세우고 이 기준에 맞지 않는 행동을 하면 즉시 자신을 질책하고 부끄러워하게 된다. 심한 후회와 함께 열등감으로 괴로워하지만, 이 후회와 반성이 사람을 사람답게 만드는 원동력이다. 부끄러움은 분노나 기쁨처럼 본능적으로 일어나는 1차적 감정이 아니라 각자의 내면 기준에 따라 반응하는 2차적 감정이다.

염치-부끄러움을 아는 마음

이런 부끄러움을 아는 마음이 염치다. 올바르고 깨끗한 정신 상태에서 스스로 정한 내면 기준에 따라 부끄러움을 인식하고 행동으로 옮기는 과정이다. 부끄럽다는 감정에서 유발되는 이성적인 반응으로 상황을 판단하고 옳은 결정을 내리도록 유도한다.

어원적으로 '덮다', '숨기다', '가리다' 라는 뜻이 숨어 있는 부끄러움은 다른 사람의 시선에 붙잡힌 자신을 돌아보는 데서 생겨난다. 그래서 자신의 가장 예민하고 상처받기 쉬운 부분이 공개될지도 모른다는 두려움으로 이어지고, 숨기고 싶은 충동을 느끼게 된다. 자기 자신의 판단이 아니라 다른 사람들이 어떻게 생각하는지가 더 큰 영향을 미친다. 다른 사람 입장에서 나를 보는 훈련이 돼 있지 않으면 혼란과 고통은 가중된다. 부끄럽다는 것 때문에 돌이킬 수 없는 실수를 저지르기도 한다.

처벌을 받으면 상당 부분 해소되는 죄의식과 달리, 부끄러움은 다른 사람의 눈과 연결돼 있는 데다 사람마다 가치 기준이 다르기 때문에 처벌을 할 수도 없고 스스로 해결하기도 어렵다.

그래서 더 고통스럽다. 강한 후회가 남고 자기혐오가 심화되지만 타인의 생각을 바꿀 수도 없고 변명을 하기도 힘들다. 해결 방법은 한 가지, 앞으로 같은 잘못을 되풀이하지 않는 것뿐이다.

같은 잘못을 되풀이하지 않으려면 무엇보다 부끄러움을 알아야 한다. 부끄러움을 모르면 개선 조치를 할 수가 없다. 그래서 부끄러움을 아는 염치는 인격과 사람됨을 완성하는 필수불가결한 도구다.

부끄러움이 필요한 여섯 가지 이유
부끄러움은 어떻게든 씻어내고 싶은 감정이지만, 부끄러움을 느끼는 것 자체는 건강한 정서 반응으로 사람에게 매우 소중하고 꼭 필요한 것이다.

그 이유는 첫째, 부끄러움은 스스로 자신이 누구인가를 가르치기 때문이다. 남의 눈을 통해서 내 위치와 능력이 어느 정도인지 확인하고 자기 실체를 솔직히 받아들이는 것이다. 이런 과정을 통해 겸손을 배우고, 참된 나의 목소리를 듣는다. 내가 너무도 부족한 존재라는 사실을 깨닫게 되면 더 높은 차원으로 나아간다. 절대자를 인정하고 인간 존재의 한계를 깨닫는 과정을 통해 우주 만물에 대한 사랑과 연민을 배운다. 부끄러움이 도(道)를 아는 첫 단계가 되는 것이다. 종교적 영성과도 맞닿아 있다. 여기서 내가 아니라 남을 배려하고 봉사하는 이타심이 나온다.

스물여덟 살에 이역만리 남의 나라에 와서 일흔을 넘긴 나이까지 40년이 넘는 세월 동안 묵묵히 한센병 환자들을 돌보는 희생을 바치고도 남의 눈을 피해 몰래 떠난 것도 부끄러움의 이런 성격에서 비롯된다. 나라에서 생계비를 받아 혼자 겨우 살아가는 80대 할머니가 찢어지는 형편 속에서 눈물겹게 모은 재산을 사회에 기부한 것도 마찬가지다. 자신이 누구인지를 통찰하는 염치가 성자의 반열에 이르게 한 것이다.

둘째, 부끄러움은 법으로 강제할 수 없는 관습이나 규범을 지키게 하는 데 결정적인 역할을 한다. 부끄러움은 전적으로 개인의 내면에서 이뤄지기 때문이다.

보통 우리는 어떤 경우에나 객관화된 도덕의 잣대가 있다고 생각한다. 이 기준이 부끄러움의 근거가 된다. 부모에게 효도하고, 어른을 공경하고, 거짓말하지 말고, 지나치게 많은 재물에 부담을 갖고……. 일상생활의 지극히 개인적인 이런 규범들은 제도나 법이 아니라 개인의 양심이나 염치로 지켜진다. 이런 현상은 문명사회로 갈수록 더 심화돼 문명사회는 구성원 각자가 느끼는 부끄러움에서 시작되고 유지된다고 할 수 있다.

따라서 사회가 요구하는 역할을 위반한 잘못을 구성원들에게 알리기만 해도 지독한 부끄러움을 느끼게 된다. 전혀 예상치 못한 상태에서 자신의 비리가 모두에게 공개되면 자살이라는 극단적인 행동으로 옮겨갈 정도로 부끄러움은 사회의 공공 규율과 밀접하게 연결돼 있다. 겉으로 드러나지는 않지만 거의 모든 관습과 규범은 부끄러움을 아는 마음인 염치가 지켜낸다.

셋째, 부끄러움은 내가 아닌 남을 생각하도록 유도한다. 내 이익만 중요한 것이 아니라 남의 이익도 똑같이 중요하다. 저 사람이 나를 어떻게 생각하느냐가 부끄러움의 시작이므로 내 이익만 챙기면 용서받을 수 없는 사람으로 떨어질 것이라고 걱정한다. 더불어 살아가는 공동체 의식의 기초를 다지는 셈이다. 내가 다소 손해보더라도 좀 참고 감수하는 편이 덜 부끄럽고 전체에게 이익이 되는 것은 당연하다.

넷째, 부끄러움은 사람을 새롭게 발전시킨다. 부끄러워하는 과정을 통해 순수하게 자신의 한계와 잘못을 받아들이면 더 나은 상태로 나아가려는 노력과 열정이 마음속에 솟구친다. 그것도 다른 계산이 없기 때문에 잘못을 고치려는 욕구는 강하고 지속적이다. 누구를, 무엇을 위해서가 아니라 철저하게 자신의 염치를 위해서다. 그래서 부끄러움은 창조의 원천이다.

다섯째, 부끄러움을 안다는 것은 내 안에 선(善)이 있다는 또 다른 표현이다. 자신의 내면에 올바른 도덕적 기준을 세우고 있어야 부끄러움을 느낄 수 있기 때문이다. 건전한 부끄러움은 우리 삶을 착하게 인도한다. 부끄러움은 남에게 노출된다는 두려움으로 생기지만, 사람을 바르게 이끌어가는 매우 중요한 기능을 한다. 고통스런 감정이지만 짧은 시간 지속되다가 곧바로 사라지기 때문에 삶의 이정표로 삼을 수 있는 건강한 긴장이다.

여섯째, 이처럼 염치가 사람에게 필수불가결한 덕목으로 자리잡고 인간 생활에 빼놓을 수 없는 기능을 하기 때문에 부끄러움이 부족하면 병이 된다.

의학 용어로 부끄러움 결핍증(Shame Deficiency)은 자신을 지나치게 사랑하는 성격장애다. 이런 사람들은 자신과 세상과의 경계를 모른다. 남의 이야기도 듣지 않고, 남의 입장을 이해하지도 않는다. 오로지 자신만이 중요하고, 자신만이 온 세상의 중심으로 생각하는 성격파탄자가 된다. 심한 몰염치로 주변의 비난이 쏟아지지만 아무 영향을 받지 않는다. 대신 끊임없는 합리화로 본인의 행동을 정당화한다. 필요하면 조작이나 거짓말도 서슴지 않는다. 가치 판단의 기준이 남의 시선이 아니라 자신의 의식 속에 주관적으로 형성돼 있기 때문에 부끄러움의 강도는 대단히 약하다. 목적을 이루기 위해서는 수단과 방법을 가리지 않는다. 자존심이 지나치게 강해서 누구의 말도 듣지 않는다. 부끄러움이 들어설 자리가 없다. 혼자서 독불장군으로 밀고 나갈 뿐이다.

체면-한국적 부끄러움

우리나라에서 체면은 전통적으로 부끄러움의 기준이 돼왔다. 나 자신을 다른 사람에게 표현하는 얼굴인 체면은 가정이나 사회에서 그 사람의 위치와 역할을 대변한다. 체면을 구기는 것은 절대로 해서는 안 되는 일이었다. 체면은 부끄러움과 직결돼 있었다.

양식이 없어도 빈 솥을 걸어놓고 물을 끓여야 하는 허세에, 양반은 손에 흙을 묻힐 수 없다는 고집에, 그 폐해가 심각할 정도로 체면은 당시 사회에서 삶을 통제하는 절대적 기준이었다. 이 체면이 손

상당하면 어떻게 해볼 수 없는 부끄러움이 유발되는 탓에 체면을 지키는 일이 무엇보다도 중요했다. 부끄러움이 우리 사회에서 중요한 개인적·사회적 정서로 자리잡을 수밖에 없었다.

따라서 그만큼 문제가 생길 소지도 많았다. 체면 때문에 가족에게 부당한 고통을 주고, 무작정 싸움을 걸고, 심지어 자신을 학대하는 등 상식적으로 납득할 수 없는 행동을 저지르기도 했다.

그러나 각자 자신의 행동을 자연스럽게 반성하는 마음인 염치를 이끌어내는 데 체면은 기본 바탕이 됐다. 체면이라는 장치로 엄격한 규범의 세계를 구축하고, 이것을 바탕으로 사회의 기강을 바로잡아 간 것은 체면의 부정적인 면보다 긍정적인 면이 더 많았음을 보여 준다.

체면은 오늘날에도 여전히 필요한 것으로 나타나고 있다. 한국은 오랫동안 체면을 중시하는 체면 문화의 사회였기 때문이다. 모든 것을 가진 재벌 회장이 이 체면을 조금이라도 생각했더라면 술집에서 아들이 얻어맞았다는 이유로 보복에 나서지는 못했을 것이다. 재벌 회장의 위치는 일반 사람들보다 훨씬 엄격한 기준의 체면을 요구한다. 절대로 힘을 과시해서도 안 되고, 법을 어기는 것은 더욱 안 되는 일이었다. 자신의 체면을 위해서 무조건 참아야 했다.

불행하게도 이렇듯 꼭 필요하고 소중한 부끄러움이 하나씩 사라지고 있다. 현대 문명이 안고 있는 갖가지 문제 때문에 아날로그

방식의 부끄러움이 설자리를 잃고 있는 것이지만, 그 영향은 심각하다.

염치가 없는 사회에서는 관습이나 규범이 잘 지켜지지 않는다. 그것을 꼭 준수하라고 내면에서 주문하는 원동력이 사라지기 때문이다. 이렇게 되면 남을 의식할 필요가 없다. 서로의 독립성도, 존엄성도 인정하지 않는다. 철저하게 이기적인 생각만 판을 친다. 남이 어떻게 생각하든 상관없이 가치 기준을 일방적으로 정한다. 자연히 살아가는 방식이 독선적으로 흐른다. 남의 이야기는 아예 듣지도 않고, 스스로 자세를 낮추는 겸손은 찾아볼 수가 없다. 공동체는 점점 삭막해지고 자기 이익만 챙기려는 욕망이 서로 충돌하면서 끝없는 혼돈에 빠져든다. 생존 본능만 남아 있는 약육강식의 동물 세계와 다름이 없다.

노출

현대 사회에서 부끄러움이 점점 줄어드는 것은 먼저 노출에 대한 면역 때문이다. 방송·통신·인터넷 등의 눈부신 발전으로 정보의 홍수 속에서 살고 있는 우리는 개인의 프라이버시가 실시간으로 까발려진다. 영상 위주의 문화는 겉으로 드러나는 모습에만 매달리게 하고, 잘생기고 못생기고가 사람의 가치를 결정한다. 개인의 은밀한 사생활이 그대로 컴퓨터 화면에 떠오르고 어른 아이 할 것 없이 마음만 먹으면 포르노까지 즐길 수 있다.

부끄러움을 생산하던 노출이 거꾸로 부끄러움을 희석시키는 것이다. 노출 경험이 많아지고, 남이 노출되는 것을 반복해서 보게 보면 내 치부를 드러내는 수치심도 서서히 무뎌진다.

노출은 이제 부끄러움의 원천이 아니라 떳떳한 자랑거리로, 돈을 벌어들이는 상품으로, 여건만 되면 모두 원하는 욕구로 변하고 있다. 불륜이 방송에 넘쳐난다. 드라마와 교양, 심지어 다큐멘터리까지 장르를 가리지 않는다. 돈이 되기 때문에, 사람들의 이목을 집중시키기 때문에, 아무 부끄러움 없이 당당하고 또 자랑스럽게 자신의 모든 것을 만천하에 공개한다. 인기를 얻으면 남편도 아내도 자식도 자랑스럽게 밝힌다. 프라이버시도 상관하지 않는다. TV나 신문이나 잡지나 알릴 수 있는 것이면 종류를 가리지 않는다. 더 많이 알려질수록 더 훌륭한 사람이 되고 있다고 착각한다. 후회도 없고 반성도 하지 않는다. 부끄러워하면 바보 취급을 받는 세상이 된 것이다. 남이 어떻게 생각할지를 걱정하면서 남몰래 부끄러움에 몸을 떨던 시절은 이제 지나간 듯하다.

인터넷의 익명성도 부끄러움을 희석시키고 있다. 뒤에 숨어서 상대방이 견디지 못할 정도의 비난과 욕설을 퍼붓고도 돌아서면 그만이다. 양심의 가책도 크게 느끼지 않는다. 내가 누군지 모를 것이라는 단 한 가지 이유 때문에 부끄러움은 실종된다. 1대 1의 긴밀한 인간관계는 컴퓨터 세계에서 기대하기가 어렵다. 마음만 먹으면 상대방의 시선을 무시할 수 있기 때문이다.

돈

돈이 모든 가치에 우선하는 자본주의 사회에서 부끄러움의 역할은 비할 바 없이 컸다. 돈이 되는 길목마다 염치가 버티고 있었기 때문이다. 돈이 많으면 도덕적으로 옳지 않다는 분위기가 깔려 있어 돈을 벌어도 정도껏 벌어야 한다고 브레이크를 걸었다. 지나친 소유는 나쁜 것으로 규정했다. 그래서 필요 이상의 재물을 가지고 있으면 부담스럽고 다른 사람들이 욕할지도 모른다는 걱정에 휩싸였다.

유명한 경주 최 부자 집안은 이런 염치를 무려 300년 동안이나 실천했다. 만석꾼의 재산을 농사로 지키면서 농민들을 가족처럼 아꼈다. 소작료를 절반으로 낮춰 농사일이 신명나도록 했다. 흉년이 들면 소작료를 받지 않고 오히려 양식을 꾸어 주면서 덕행을 베풀었다.

올바르게 벌고, 올바르게 쓰고, 가진 것을 나누는 최 부자의 선행은 12대를 이었다. 한 번도 집안이 흔들린 적이 없었고 재산도 축이 나는 법이 없었다. 조상의 가르침대로 벼슬도 하지 않았다. 진정한 부자로 모두의 칭송을 받았다. 그러다 해방이 되자 앞으로 우리에게 교육이 중요하다는 결정을 내리고 재산 전부를 대학 설립에 내놓았다. 우리 사회를 올바르게 이끌어 온 진정한 부자의 염치였다.

그러나 달라져도 너무 달라졌다. 돈이 지나치게 많아도 이제는 부끄러운 일이 아니다. 부끄럽기는커녕 많으면 많을수록 좋다는 의식이 보편화되고 있다. 돈이 되는 일이면 거칠 것이 없다. 좀 나쁜 구석이 있더라도 돈이 되면 면죄부까지 줄 정도다. 돈이 어떤 가치보다 우선하기 때문에 사람에게 돈이 전부라는 느낌이 점점 강해지고 있다. 사람의 존재 가치가 돈으로 결정되는 상황이다. 막대한 연봉의 펀드매니저와 프로스포츠 선수들은 이 시대의 영웅이다. 벌어들이는 돈의 액수가 보통 사람으로서는 감당하기 불가능할 정도여서 좋아하거나 부러워하는 차원을 넘어서 숭배하는 단계로 발전하고 있다.

이처럼 돈이 무소불위의 힘을 과시하고 있는 오늘날엔 경주 최부자와 같은 덕목을 찾아보기가 힘들다. 그래서는 안 된다. 돈은 살아가는 수단이지 목적이 아니며, 돈이 많을수록 더 불행해질 가능성이 커지는 존재가 바로 사람이기 때문이다. 돈이 썩으면서 내뿜는 악취는 무엇과도 견줄 수 없을 정도로 지독하다.

많이 가진 사람보다 적게 가진 사람이 오히려 가진 것을 나누는 세상으로 변하고 말았지만, 돈에 대한 염치는 그동안 우리 사회를 돈의 위력에서 건강하게 지탱해 온 힘이었다. 내가 남보다 너무 많이 갖고 있거나 내가 남의 도움으로 큰돈을 벌었다는 자각이 들면, 우리 선조들에게 그 재물은 남에게 베풀어야 할 마음의 빚이었다.

거짓말

사람에게 거짓말은 아주 일찍부터 부끄러움을 일으킨다. 아무리 어려도 거짓말을 하다 들키면 부끄러워한다. 거짓은 나쁜 것이며 절대로 해서는 안 되는 것으로 뇌리 깊숙이 자리잡고 있기 때문이다. 사람에게 거의 처음 만들어지는 부끄러움이라고 할 수 있다. 거짓말을 할 때는 아무도 모를 것이라고 생각하지만, 자신의 내면에서는 양심의 가책과 함께 부끄러움이 일어난다. 거짓은 사회뿐 아니라 개인에게도 대표적인 악덕이다.

그러나 지금 우리 사회는 거짓이 판을 치고 있다. 거짓에 대한 부끄러움이 작동하지 않고 있다. 정치를 하는 사람도, 경제를 책임진 사람도, 학교 선생님들까지 거짓과 위선에 물들어 있다. 나라의 제일 큰 어른인 대통령이 되겠다는 사람들이 불출마 결심을 거리낌없이 번복하고, 한쪽에서는 돈을 주었다고 하는데 다른 한쪽에서는 받은 적이 없다고 버틴다. 거짓말을 하고 순순히 잘못을 인정하는 모습은 어디에서도 찾아보기 힘들다.

비리와 뇌물 공방에, 논문 조작에, 가짜 학위에 첩첩산중이다. 남이 어떻게 생각할지는 안중에도 없다. 자신의 잘못은 사실이 아니라고 잡아뗀다. 잘못이 있어도 모두 보는 앞에서 태연하게 결백을 주장한다. 필요하면 거짓말도 서슴지 않는다. 일말의 가책도 없다. 부끄러움이 실종된 지 이미 오래다.

불과 며칠만 지나면 드러날 일도 철저하게 부인한다. 한 점 부끄러움이 없는 사람처럼 진실을 고백하는 수순을 밟는다. 결백을 주장하면서 목소리를 높이고 화를 내기도 한다. 자신을 이런 처지에 빠뜨린 사람들에게 원망을 퍼붓기도 한다. 연관된 사람들은 두 패로 나눠져 끝도 없이 싸운다. 상대방의 주장에 승복하는 법도 없다. 자신만이 옳고, 남을 헐뜯는 데만 온 힘을 다 한다. 상황이 불리하다고 판단되면 소송도 불사한다.

끊임없는 진실 공방이 계속되지만 할 수 있는 모든 수단을 동원해 마지막까지 포기하지 않는다. 진실이 마지막 마지노선인데, 그 진실을 알고 있는 사람은 외면한다. 용기가 없어서가 아니다. 진실을 밝혀도 받아들여지지 않고, 그 순간부터 고난의 길로 접어들기 때문이다. 아무리 진실이라고 외쳐도 하나의 주장에 불과할 뿐이다. 논란의 중심에서 끝도 없이 시달리다가 결국 후회만 남는다. 남의 처지나 입장은 생각도 하지 않는다.

이런 모습을 보는 사람들은 괴롭다. 무엇이 진실인지 알 수가 없다. 당사자들이 강하게 부인할수록 거론되고 있는 내용이 진실일 것이라고 짐작할 뿐, 혼란스럽고 정리도 잘 되지 않는다. 누구를 믿어야 할지도 알 수가 없다. 사회 구석구석 배어 있는 대립과 갈등으로 판단을 내리기가 힘들다. 이렇게 소모적인 혼란이 막무가내로 이어지고 있지만 수습은 어렵기만 하다. 중심을 잡고 의견을 통합해 분명한 결론이나 결정을 내려줄 어른이 없고, 사회 구성원들이 진심으로 승복할 권위도 사라지고 있기 때문이다.

제일 높은 자리에 있는 사람들이 거리낌없이 거짓말을 하는 마당에 누구를 탓할 수도 없다. 일이 터질 때마다 되풀이되는 거짓말 잔치에 아이들이 배울까 두렵기만 하다. '거짓말은 절대로 해서는 안 된다'는 것은 지금까지 어느 가정에서나 최우선 가르침이었다. 이전에는 거짓말을 하다가 들키면 배겨날 수가 없었다. 거짓말쟁이로 낙인이 찍혀 사는 곳에서 쫓겨나는 경우도 있었다.

그러나 거짓말은 이제 상황에 따라 할 수도 있는 것으로 되면서, 거짓에 무감각해지는 사람이 날로 늘어나고 있다.

요즘 들어 상황은 더욱더 나빠졌다. 상대방을 속이는 내용의 프로그램을 아무 죄의식 없이 태연하게 구경하고 받아들인다. 출연자를 속여서 함정에 빠드리고는 재미있다고 박수치고 즐거워한다. 거짓말을 해서 속이는 것인데도 나쁘다고 생각하지 않는다. 감쪽같이 속일수록 더 열광하고, 잘 했다고 칭찬한다. 악의가 없는 거짓말이라고는 하지만 거짓말은 거짓말이다. 이렇게 해서 거짓말에 내성이 생기고 거짓에 대한 부끄러움이 차츰차츰 사라져간다.

거짓이 일상화되면 서로 속고 속이는 악순환이 반복된다. 가족이나 친구끼리도 의심의 눈초리를 거둘 수가 없고 믿는 마음이 사라진다. 무엇이 옳고 진짜인지 가려내는 데 엄청난 에너지를 쏟아부어야 하고, 보는 관점에 따라 패가 갈려 끊임없이 갈등이 증폭된다. 모두 거짓말에 대한 부끄러움이 줄어들면서 생긴 결과다.

1

전 재산은 29만 1천 원

재산을 공개하시오

상상을 뛰어넘은 몰염치

전두환 전 대통령은 오전 11시 국방색 정장 차림으로 법원에 도착했다. 여전히 경호원들의 호위를 받으면서 위세 당당하게 취재진 속을 빠져나가 법정에 섰다. 갓 서른 살의 신우진 판사는 재판에 앞서 전씨가 제출한 재산 목록을 검토하고 기재 내용을 확인했다.

판 사 : 예금·채권이 29만 1천 원만 기재돼 있고, 보유 현금은 하나도 없다고 나와 있는데 사실입니까?
전두환 : 사실대로 적은 것입니다. 본인 명의는 없습니다.
판 사 : 본인 명의가 아니라도 타인에게 명의신탁한 재산도 기재하도록 되어 있는데, 정말 명의신탁 재산도 없습니까?
전두환 : 그렇습니다.

2003년 4월 서울지방법원 서부지원에서 열린 전두환 씨의 재산명시 재판이었다. 1800억 원이 넘는 추징금을 받아내기 위해서였다.

재산명시는 재산이 있으면서도 빚을 갚지 않는 악덕 채무자의 재산을 공개하는 재판이다. 전씨는 기업들로부터 거액의 뇌물을 받았다는 이유로 1997년 대법원으로부터 2205억 원의 추징금을 부과받았으나 당시까지 6년째 14% 남짓한 314억 원만 내고 버티고 있었다.

검찰은 그동안 전씨의 재산을 찾는 데 온 힘을 쏟았지만 한계에 봉착했고, 더 나쁘게도 2000년 1차 연장됐던 3년 기한의 추징 시효가 한 달도 남지 않은 상황이었다. 하는 수 없이 검찰은 전씨에게 재산 목록 제출을 명령해 달라며 법원에 재산명시 신청을 냈고, 법원이 이를 받아들여 재판이 열린 것이다.

재산명시 신청을 법원이 받아들이면 채무자는 재산 내역과 변동 상황을 기재한 서류를 본인이 직접 법원에 들고 나와 판사의 질문에 답변해야 한다. 채무자가 제출한 재산 목록이 불충분하다고 판단되면 법원은 공공기관과 금융기관에서 채무자 명의의 재산을 조회할 수 있다.

채무자가 절차를 이행하지 않으면 경찰서 유치장 등에 최대 20일까지 구금할 수 있고, 허위로 기재한 경우에는 3년 이하의 징역이나 5백만 원 이하의 벌금형에 처할 수 있기 때문에 불성실 채무자를 효과적으로 압박할 수 있다. 바로 1년 전 관련법이 제정된 이후 처음으로 열리는 재판이었다.

한 국가의 대통령을 지낸 사람의 재산이 30만 원도 안 된다니, 신 판사는 도저히 그냥 넘어갈 수가 없었다. 상대가 군사 쿠데타를 일으켜 수많은 사람들의 목숨을 잃게 하고, 언론사까지 통폐합시킨 무소불위의 권력자였다 하더라도 법원이 할 일은 해야겠다고 마음을 먹었다. 저절로 언성이 높아졌다.

판 사 : 그러면 도대체 무슨 돈으로 골프를 치고 해외여행을 다닙니까?
전두환 : 골프협회에서 전직 대통령에게는 '그린피'(골프장 코스 사용료)를 무료로 해주고 있습니다.
내 나이가 72살입니다. 그동안 인연 있던 사람을 비롯해 측근과 자녀들의 도움으로 생활하고 있습니다.

전씨는 이 재판이 열리기 불과 20여 일 전에도 경기도의 한 골프장에서 부인과 함께 골프를 쳤다. 그런데 3번 홀에서 놀라운 일이 일어났다. 부인 이순자씨가 홀인원을 기록한 것이다. 평생에 한 번 할까 말까 한 홀인원이라 축하 분위기에 휩싸였다.

전씨 부부는 골프를 끝낸 뒤 관례대로 홀인원을 기록한 3번 홀 그린 옆에 기념식수를 했다. 나무 둘레에는 대리석으로 '제12대 대통령 전두환'이라고 쓰인 표석을 세웠다. 골프 홀인원의 기념식수에 사용되는 나무는 경우에 따라 다르지만, 통상 몇백만 원을 호가한다.

골프장 관계자는 전씨의 비서로 보이는 사람이 그린피를 지불했고, 나무는 전씨측이 준비했다고 말했다. 그러나 나무 값은 누가 부담했는지 알지 못한다고 했다. 아무리 골프장에서 그린피 공짜 혜택을 주더라도 다른 비용들 때문에 겨우 생활하는 사람들은 골프를 칠 수가 없다. 그리고 이 골프장에서 전씨는 재판 진술과는 달리 그린피를 지불했다. 재판은 계속 진행됐다.

   판　사 : 그런데 왜 측근들과 주변 사람들이 추징금은 주지 않습니까?
   전두환 : 그 사람들도 겨우 생활할 정도라 추징금을 낼 돈이 없습니다. 검찰이 그토록 많은 추징금을 물린 것은 (비자금을) 정치자금으로 인정하지 않고, 포괄적 뇌물죄를 적용했기 때문입니다. 억울하게 생각하고 있습니다.
   판　사 : 추징금 집행에 협조한 것은 (추징금을) 인정한 것이 아닙니까? 일반인의 경우 자신이 직접 돈을 벌거나 빌려서라도 내는 게 추징금입니다.

젊은 판사의 추궁과 훈계를 받고 있는 70대 전직 대통령. 자존심도, 명예도, 수치심도 간 곳이 없었다. 다만 추징금을 내지 않으려고 형편이 어렵다는 말만 되풀이할 뿐이었다. 판사는 그 많던 재산은 다 어디 갔느냐고 추궁했다. 그러나 전씨는 검찰에 가서 알아보라며 태연하게 받아쳤다.

판 사 : 검찰이 추정한 재산이 2157억 원으로 이 중 이미 사용한 비용을 빼더라도 1600억 원 가량이 남아 있는데 이 돈을 다 썼습니까?

전두환 : 검찰에 확인해 보십시오, 다 썼습니다.

판사는 전씨의 답변 태도로 보아 명의신탁한 재산이 틀림없이 있을 것이라고 결론을 내렸다. 전씨가 이전에도 가차명 계좌를 사용하다 적발된 적이 있고, 검찰 수사에서도 많은 무기명 채권이 발견됐기 때문이었다. 심리를 마치면서 판사는 재산은닉 위험성이 높기 때문에 제 3자에게 명의신탁한 자산 목록과 배우자·직계 가족·형제자매 등 친인척의 재산 목록을 다음 재판까지 내라고 명령했다.

29만 1천 원은 성실신고

이 재판 이후 '전 재산 29만 원'이 사람들의 입에 오르내리며 전씨는 조롱거리로 전락했다. 사람들은 가정에서, 직장에서 두 사람 이상만 모이면 전직 대통령의 재산 29만 원을 화제로 삼았다. 다음껏 비웃고 욕했다. 재산명시 재판이 저자 거리의 여론재판으로 발전하고 있었다.

재벌 등으로부터 수천억 원을 받아 챙기고서도 29만 1천 원이 전 재산이라고, 그것도 법정에서 태연하게 말하는 몰염치는 상상을 넘어서는 것이었다. 가뜩이나 부정적인 민심에 기름을 부은 격으로 전씨는 기왕의 위신 추락에다 부끄러움을 모르는 철면피로 회자되고 있었다. 측근과 가족들도 자신처럼 먹고살기 힘들다고 강변한 것에서는 용서할 수 없는 거짓말쟁이의 낙인까지 찍혔다.

반면 법정에서 전직 대통령을 따갑게 추궁했던 신우진 판사는 용기 있는 대응으로 큰 반향을 불러일으켰고, 모처럼 법원이 역할을 제대로 했다는 평가를 받았다.

전씨 변호인단은 29만 1천 원은 성실 신고의 결과라고 재판부에 항의했다. 정직하게 신고하기 위해서 죽은 계좌를 모두 뒤져 14만 원, 15만 원, 1천 원 등 29만 1천 원을 겨우 찾아냈는데 왜 비난을 받아야 하는지 이해할 수 없다고 말했다.

2천억 원이 넘는 엄청난 추징금을 부과받은 사람의 재산이 29만 1천 원이라면 납득할 사람이 과연 있을 것이라고 생각했는지 알 수 없었다. 이 신고가 몰고 올 파장을 전혀 예상하지 못했던 것으로 보면 전씨 주변 사람들은 돈에 대한 생각이 일반 사람들과 아주 다른 것이 분명했다. 변호인단은 여론의 호된 질책을 받고서야 뒤늦게 29만 원 신고를 후회했다고 나중에 털어놓았다. 전씨와 측근들은 남의 눈을 의식하는 사람들이 아니었다. 의리와 충성으로 뭉쳐 철옹성을 구축하고 있는 이 사람들에게서 반성을 찾아보긴 힘들었다.

1차 재산명시 재판이 열린 지 한 달 뒤 두 번째 재산명시 재판이 열렸다. 이번에는 전씨가 출석하지 않았다. 변호인단은 재판부에 연기 신청을 냈다. 명의신탁한 재산과 친인척 재산의 목록을 제출하기에는 시간이 부족하다는 이유에서였다.

그러나 신우진 판사는 시작부터 전씨의 불출석을 강하게 질책하고, 연기 신청과는 상관없이 채무자는 반드시 재판에 출석해야 한다고 주문했다. 몇 차례 실랑이 끝에 신 판사는 재산명시 보정명령을 성실히 이행하는 조건으로 연기 요청을 받아들였다.

다시 한 달 뒤 세 번째 재산명시 심리가 열렸다. 전씨는 부인·자녀 등 일가족 9명의 재산 목록을 법원에 제출했다. 회색 정장에 중절모 차림으로 역시 경호원들의 호위를 받으며 법정에 출석한 전씨는 "본인은 양심에 따라 사실대로 재산 목록을 작성해 제출했으며 허위 사실이 있으면 처벌받겠다"고 선서했다. 굳은 표정이었지만 차분하고 당당했다.

전씨 변호사는 29만 원의 예금 외에는 보유 현금이 없다고 말한 것은 사실이므로 그 내역을 그대로 다시 제출했다고 말했다. 국민들이 어떻게 생각하든 상관이 없다는 태도였다. 현금 재산이 더 있다고 하면 진짜 거짓말쟁이가 되고, 그 이후에 쏟아질 또 다른 비판을 감당하기 힘들다고 판단했을 수도 있지만, 표면적으로는 국민들을 무시한다는 느낌을 강하게 주고 있었다. 이어서 친인척들의 재산은 40억 원이 채 안 된다고 밝혔다.

그러나 2003년 당시 전씨 일가의 재산만 최소한 200억 원이 넘는 것으로 알려져 있었다. 장남 재국 씨와 차남 재용 씨가 공동 소유하고 있는 서초동 3필지의 토지와 건물 등은 시가 50억 원대였다.

출판 사업을 크게 하고 있는 재국 씨는 또 종로구에 출판사 시공사의 15억 원짜리 건물도 갖고 있었고 대형 서점 을지서적도 인수했다. 재국 씨 일가는 부인의 소개동 서점과 카페 시가 40억 원, 서교동 주택 14억 원, 재국 씨 14살 아들의 서교동 땅 86평 10억 원, 17살 딸의 강남 음식점 지분 30억 원 등 100억 원이 넘는 재산을 소유하고 있는 것으로 나타났다.

전씨의 3남 재만 씨도 한남동에 지상 8층, 지하 4층의 빌딩을 소유하고 있는데 시가는 100억 원대, 임대료 수입만 한 달에 수천만 원에 달하는 등 전씨 일가의 재산은 겉으로 드러난 것만 200억 원을 훨씬 웃도는 것으로 확인되었다.

재판부는 내용을 보충하라는 보정명령을 내려도 해명 자료만 내고 있어 더 이상 보정을 촉구해 봐야 재판이나 후속 절차가 늦어진다면서 심리를 종결했다. 부실하지만 전씨 본인과 가족의 재산 목록을 입수했다는 것으로 만족해야 했다. 이후 추징금 징수 싸움은 지금까지 계속되고 있다.

추징금 2205억 원 부과까지

추징금 부과는 재판에서 결정돼야 되고, 재판을 열기 위해서는 전두환·노태우 두 사람을 법정에 세워야 했다. 그러나 이 두 사람을 기소하는 데는 나라 전체가 우여곡절을 겪어야만 했다.

6·29 선언에서부터 두 차례 대통령 선거, 또 두 차례 총선, 전두환 씨의 백담사 유배와 국회 증언, 골목길 성명 이후 전격 구속, 대법원 확정 판결까지 무려 10년의 세월이 필요했다. 성공한 군사 쿠데타를 법으로 심판하는 일은 그렇게 힘들었다.

급물살 타는 5공 비리 청산

군사 쿠데타를 심판하는 출발점이자 토대가 됐던 6·29 선언은 1987년 신년 벽두에 터진 서울대생 고문치사사건이 발단이 되었다. 박종철 군이 경찰의 고문으로 숨지면서 민주화 요구에 불을 댕겼던 것이다. 시위는 전국으로 확산됐고 국민들의 가슴에 응어리진 분노가 폭발했다.

연세대 이한열 군도 학교 정문 앞에서 시위 도중 경찰의 최루탄에 맞아 중태에 빠지면서 학생과 시민들의 투쟁 열기는 걷잡을 수 없이 확산됐다. 전국 37개 도시에서 100만 명이 넘는 인파가 모여 군사정부의 종식과 대통령 직선제를 외쳤다. 민주당 김영삼 총재도 개헌 투쟁을 본격화했고, 김대중 통추협 의장은 개헌을 요구하며 대통령 불출마를 선언했다.

학생들의 죽음과 국민들의 투쟁에 밀려 결국 노태우 민정당 대표는 직선제 개헌을 내용으로 하는 6·29 선언을 공포했다. 군사정부가 물러나고 민주주의를 실현하는 시발점에 서게 된 것이다. 그러나 그 시기는 김영삼·김대중의 대권 욕심 때문에 5년을 더 기다려야 했다.

6·29 선언 이후 민주화 실천 의지를 보이기 위해 전두환 총재가 물러나고 민정당이 노태우 체제로 개편된 7월 10일, 김대중 의장을 포함해 2300여 명이 사면 복권됐다. 김대중 의장은 사면되자마자 대통령 불출마 선언을 번복하고 평화민주당을 창당했다. 대통령 출마가 목적이었다. 김영삼·김대중의 후보 단일화가 물 건너가면서 그해 12월 13대 대통령 선거에는 민정당의 노태우, 민주당 김영삼, 평민당 김대중, 공화당 김종필이 출마했다.

결과는 노태우 후보의 압승. 2위와 200만 표 차이가 났다. 노태우 후보는 36.1%, 김영삼 후보는 27.4%, 김대중 후보는 26.5%. 김영삼·김대중 가운데 한 사람만 출마했더라면 군사정부를 끝낼 수 있었다. 국민들은 두 사람의 욕심이 일을 그르쳤다고 탄식했다.

이듬해 2월 25일 노태우 민정당 총재가 13대 대통령에 취임했다. 제6공화국이 시작된 것이다. 두 달 뒤 13대 총선이 있고, 9월에는 서울올림픽이 열리고, 노 대통령은 의욕에 넘쳐 있었다. 쿠데타를 일으킨 군인이었지만 국민이 직접 뽑은 대통령이었다. 국민들의 상처를 치유해야 하고, 5공 세력도 다독여야 하고, 할 일은 많았다.

그러나 4월 13대 총선에서 노 대통령의 입지는 좁아졌다. 75% 투표율의 높은 관심 속에서 치러졌지만, 민정당은 과반석을 얻는 데 실패하고 평민당이 제1야당으로 올라섰다. 대통령 불출마를 번복하면서 비난을 받은 김대중 총재의 평민당을 오히려 지지하는 황색 바람이 불었기 때문이다. 35석의 공화당까지 여소야대의 국회는 노태우 정부의 험난한 앞날을 예고하고 있었다.

예상했던 대로 5공 비리를 청산하라는 압박이 시작됐다. 총선 한 달 뒤 국회에 '5공 비리 조사특별위원회'가 설치됐고 국민적 관심 속에서 5공 특위의 조사 대상으로 일해재단, 새마을본부, 전두환 일가 재산 해외도피, 국제그룹 부실경영, 삼청교육대 등 44건이 선정됐다. 5공 비리 청산이 급물살을 타고 있었다.

그해 9월 서울에서 열린 올림픽에서 대한민국은 금메달을 무려

12개, 은메달 10개, 동메달 11개를 얻어 세계를 놀라게 했다. 아시아에서 일본·중국을 제쳤고, 금메달 수에서 세계 4위를 차지해 국민들은 결과에 놀라고 자부심을 느꼈다.

이 같은 올림픽의 분위기 반전에도 불구하고 여소야대 국회는 노태우 정권을 더욱 압박해 들어갔다. 5공 비리, 광주민주화운동, 언론 등 3대 청문회가 잇따라 열리면서 압박의 강도는 갈수록 심해졌다.

백담사로 유배

노태우 대통령이 궁지에서 벗어날 수 있는 방법은 하나. 자신의 뿌리인 전두환 전 대통령에게 칼날을 돌리는 것이었다. 노태우 정권은 불과 아홉 달 전 대통령직을 떠난 전두환을 압박했고, 결국 전두환 씨는 대국민 사과성명을 발표하고 백담사로 떠났다.

1988년이 저물어가던 11월 23일 오전 10시, 전씨는 연희동 저택에서 전 국민이 TV로 지켜보는 가운데 사과 성명을 발표했다. 국정 과오는 모두 자신의 책임으로 돌리고 인권 침해를 사과했다. 특히 광주 문제에 대해 진심으로 사과드린다고 거듭 천명했다.

"많은 사람들이 고통과 피해를 당한 삼청교육대 사건과 공직자 언론인 해직 문제, 인권침해 사례 등의 실상들이 파헤쳐지는 것을 저도 아픈 마음으로 보고 있습니다. 이 기회를 빌어 피해 당사자 한

분, 한 분에게 진심으로 사과드리며 이들에 대한 적절한 보상이 이루어지기를 바랍니다.
무엇보다도 80년 5월 광주에서 발생한 비극적 사태는 우리 민족사에 불행한 사건입니다. 저로서는 생각만 해도 가슴 아픈 일입니다. 이 불행한 사태의 진상과 성격은 국회 청문회 등을 통해서 밝혀질 것으로 생각됩니다만 그 비극적 결말에 대해 큰 책임을 느끼고 있습니다.
그 후 대통령이 된 뒤에 그 상처를 치유하지 못했던 점을 깊이 후회하면서 피해자와 유가족의 아픔과 한이 조금이라도 풀어질 수 있다면 어떤 일이라도 마다하지 않겠습니다."

비극적인 사건을 만들어낸 장본인의 진솔한 사과로 비쳐졌지만, 구체적인 실천과는 거리가 멀었다. 원칙적인 사과였다. 그러나 예상하지 않았던 발언이 이어졌다. 정치자금 문제를 언급하면서 국민의 비난과 추궁을 모면할 길이 없어 재산 전부를 국가에 바친다고 선언한 것이다.

"제 가족의 재산은 연희동 집 한 채와 두 아들이 결혼해서 살고 있는 바깥채, 서초동의 장 200평, 그 밖에 용평의 콘도 34평 하나와 골프회원권 2건 등이며 금융자산은 재산 등록제도가 처음 실시된 83년 총무처에 등록한 19억여 원과 그 증식 이자를 포함해서 모두 23억여 원을 갖고 있습니다.
대통령직에 있으면서 축재한다고 단죄를 받는 이 사람이 더 이상 재산에 무슨 미련이 있겠습니까. 이 재산은 정부가 국민의 뜻에 따라 처리해 주시기를 바랍니다.

그리고 제가 퇴임하던 지난 2월, 이 사람이 국가원로자문회의 의장을 맡게 됨에 따라 여기에 요긴하게 쓸 요량으로 여당 총재로서 사용하다 남은 돈 139억 원을 관리해 왔습니다. 그러나 지난 4월 자리를 사임한 만큼, 이제 이 돈은 우리나라 정치 발전을 위해서 국가가 관리해 주기를 바랍니다."

갖고 있는 돈을 모두 국가에 헌납하겠다는 폭탄 선언이었다. 당시 상당수의 국민들은 전직 대통령의 고백에 불쌍한 감정을 느꼈다. 전략적인 측면에서 이 성명은 상당한 성공을 거두고 있었다.

그러나 열거한 재산이 생각보다 얼마 되지 않았다. 아니 얼마 되지 않는다고 생각하는 사람들이 많았다. 연희동 집, 서초동 땅, 콘도와 골프 회원권, 24억 원이 넘는 예금들은 보이기 위한 구색용 재산이라는 의혹이 부풀었다. 여당 총재로서 사용하다 남은 돈 139억 원도 이런 의혹을 더 강하게 했다. 나중에 기업으로부터 받은 뇌물이 수천억 원에 이르는 것으로 밝혀졌지만, 당시에도 전씨의 돈 씀씀이 등으로 봤을 때 틀림없이 굉장한 액수의 돈을 갖고 있을 것이라고 다들 짐작했다.

전씨는 이렇게 분위기를 몰아간 뒤 어떤 처벌도 달게 받겠다고 맹세하고 이제 유배를 떠난다고 마무리했다. 비통한 표정으로 참회하는 분위기를 최고조로 올린 전씨는 귀양을 떠나는 모습으로 성명 발표를 끝냈다. 젊은 층에서는 내용이 미흡하다고 불만이었지만, 잘못했다고 용서를 비는 사람에게 침을 뱉기는 어려웠다. 다시는 이런 일이 일어나지 않도록 하고, 이제 더 이상의 소모전이 없기를 희망하는 국민들이 대다수였다.

그러나 처지가 불쌍하다는 정도였지 용서를 생각한 사람은 드물었다. 그만큼 지은 죄가 컸기 때문이었다. 사흘 뒤 노태우 대통령은 특별 담화문을 통해 전두환 전 대통령의 사면을 호소했지만, 국민들은 외면했다. 사과하는 모습은 안됐지만 사면이라니, 그것은 안 될 말이었다. 더구나 재산 헌납 약속이 나중에 상당 부분 거짓으로 드러나면서 국민들은 더 큰 배신감을 느꼈다. 전씨는 백담사에 2년 넘게 유배된 뒤에야 풀려날 수 있었다.

만신창이 국회 증언

해를 넘기면서 5공 특위 활동은 소강 상태에 들어갔다. 증인들이 출석을 거부하면서 청문회 일정을 무기한 연기한 것이지만 5공 비리 청산 정국도 파장을 맞은 것처럼 보였다.

지지부진하던 5공 청산 작업이 다시 전기를 갖은 것은 10월 평민·민주·공화 야 3당 총재가 만난 회담에서였다. 3김 회담이라고 부르기도 했던 이 자리에서 연말까지 5공 청산이 이루어지지 않으면 정권 퇴진 운동도 불사하고 전두환·최규하 두 전직 대통령의 국회 증언을 통한 진상규명을 촉구하기로 의견을 모았다. 이후 백담사에 있던 전두환 전 대통령이 국회에서 증언할 때까지 5공 청산 분위기는 가속도가 붙었다.

전씨의 국회 증언은 1989년 12월 마지막 날 125개 문항의 질문서를 토대로 일괄 답변 후 보충 질의 형식으로 진행됐다. 백담사에서 은둔 1년 만에 모습을 드러낸 전씨는 변함없이 떳떳했다. 백담사로 떠나면서 사과 성명을 발표할 때와는 달리 잘못을 인정하거나 뉘우치는 모습은 찾아보기가 힘들었다. 백담사에서 반성보다 지난일을 합리화하는 데 시간을 더 보낸 것 같았다.

오전 10시, 증인선서로 시작된 전씨의 국회 증언은 내용이 부실하고 위증이 있다는 야당 의원들의 반발로 정회가 거듭되면서 난장판으로 변해 갔다. 결국 밤 12시를 넘겨 전씨의 구두 답변을 다 듣지 못한 채 끝나고 말았다.

야당 의원들의 반발은 전씨가 광주 발포 문제를 거론할 때 고함·폭언이 쏟아지면서 극에 달했다. 백담사로 떠날 때 했던 대국민 사과 성명과는 너무 달랐다. 시종 잘못을 부인하고 자신을 변호했다. 광주사태 당시 자신은 관여할 위치에 있지 않았고 시민을 상대로 한 무력 진압에 대해서도 신중론을 폈다고 변명했다.

"본인은 광주 발포 당시 지휘 계통에 있지도 않았고 발포 건의를 받을 만한 위치에도 있지 않았습니다. 도청 앞에서의 발포 사태는 상황 종료 후 통상적인 정보 보고를 통해 보고받았던 것으로 기억되며, 당시 본인은 즉각 최규하 대통령에게 보고하려 했으나 이미 계엄사령부를 통해 보고되었기에 중단한 바 있습니다."

12·12 사태는 권력 장악을 위한 쿠데타가 절대 아니었다고 강조했다. 오히려 정치 입문을 거절하고 군인의 길을 걸어왔다고 고백했다.

"사전에 준비된 병력 출동 계획도 없는 쿠데타가 어디에 있겠으며 만약 쿠데타였다면 왜 본인이 그 직후 바로 권력을 잡지 않았겠습니까. 저는 과거 고 박 대통령으로부터 정치 입문 권유를 몇 차례 받은 바 있으나 굳이 사양하고 군인의 길을 걸어왔으며 12·12 사태 당시는 정치에 뜻을 두지 않았습니다."

박정희 전 대통령이 정치 입문을 권유했다면 전씨에게서 정치인의 성향을 보았기 때문일 것이며, 하나회 등 정치군인으로 분류됐던 당사자로서 할 수 있는 말이 아니었다. 소란이 일어날 수밖에 없었다. 정치자금 문제를 언급할 때는 정치인들보다 더 정치적이었다. 정치자금은 받은 적도 없고, 민정당 이외에는 자금을 주지도 않았다고 부인했다. 가슴을 쓸어내린 사람들이 한둘이 아니었을 것이다.

"기업 또는 개인으로부터 정치자금을 기부받은 바는 없습니다. 그리고 민정당에 가끔 자금 지원을 한 적은 있으나 큰 규모가 아니었으며 정기적으로 일정액을 지원한 사실도 없습니다. 민정당 이외의 특정인에게 자금을 준 사실은 없음을 분명히 합니다."

그러나 거짓말이었다. 받은 적이 없다던 정치자금은 2천억 원이 넘었다. 이런 거짓말을 하면서도 전씨는 표정 하나 변하지 않았다.
국보위 의장 시절에 저질렀던 삼청대 교육 등 사회 정화 조치를 설명할 때는 불가피성을 주장하고 그 조치에 따른 성과를 강조했다. 방청석에서는 고함이 빗발쳤고 시민들의 항의 전화가 쇄도했다. 일곱 차례의 정회로 아까운 시간만 낭비했던 '만신창이 증언'이었다.

2년 만에 집으로

6공화국 출범 2주년을 앞두고 민정당과 민주당, 공화당은 합당을 결정하고 민주자유당을 창당했다. 말도 많고 탈도 많았던 3당 합당이었다. 거대 여당으로 출범한 민자당은 노태우·김영삼·김종필 등 세 사람을 최고위원으로 뽑아 집단지도체제를 구성했다. 여소야대 국회로 국정운영을 제대로 못했던 노태우 대통령의 타개책이었다. 정부는 독자적으로 어떤 정책이든 밀고 나갈 수 있는 바탕은 마련했지만, 혼자 야당으로 남게 된 평민당은 3당 합당을 반국민적·반국가적 정치야합이라고 비난했다. 국민들은 유일한 야당이 돼버린 평민당 처지를 동정하고 마음속으로 응원했다.

3당 합당의 첫 작품은 전두환 씨의 백담사 하산이었다. 정치적 앙금을 털어내기 위해서라는 정말 정치적인 이유에서였다. 노태우 대통령은 전씨에게 귀가를 권유했다. 유배에서 풀어 주는 것이 아니고 '이제 노염을 푸시고 집으로 돌아가시는 것이 어떻겠느냐?'고 부탁한 것이었다. 국민들의 분노 때문에 떠난 귀양길이 아니라 사태가 너무 복잡하게 전개되니까 머리를 식히러 떠난 휴가로 비쳐질 정도였다. 그것도 창살 없는 감옥이라는 효과를 거두면서.

　전두환 씨가 국민에게 실망만 준 국회 증언을 한 지 만 1년, 전씨 부부는 백담사 생활을 마감하고 연희동으로 돌아왔다. 2년 1개월 만이었다. 전씨 부부는 오후 2시쯤 연희동 집에 도착했으나, 이미 두 시간 전부터 정부 고위 인사와 정치인들이 찾아와 기다리고 있다가 전씨 부부를 영접했다. 국민들이 주시하고 있는데도 이들은 개의치 않았다. 유배를 떠나 있었지만 전씨의 위세는 여전했다.

　한편 민자당은 3당 합당의 대가를 톡톡히 치르게 된다. 1992년 실시된 14대 총선에서 의석이 45석이나 줄어 참패한 것. 국회는 다시 여소야대로 돌아왔다. 평민당의 후신인 민주당이 선전해 여당 견제에 힘을 얻었고, 재벌당·현대당이라는 비판을 받은 국민당이 대거 당선돼 원내 제3당의 교두보를 마련했다. 변화를 바라는 국민의 뜻이었다. 여소야대 국회에서 노태우 정부의 추진력은 약해졌고 민자당의 각 계파도 존립 기반이 불안했다.

　하지만 김영삼과 김대중이 또다시 맞붙은 연말 14대 대통령 선거에서 김영삼 후보는 국민의 심판을 받은 민자당으로 출마하고서도 큰 표 차이로 당선됐다. 호남에서 몰표를 얻은 김대중 후보와 190만 표 이상의 차이였다. 박정희, 전두환, 노태우에 이르는 장구한 세월의 군사정권이 마침내 교체된 것이다. 5공 청산의 실질적인 출발점에 선 문민정부의 등장이었다.

나라 망신 구속 수감

문민정부 집권 3년째 5·18을 일으킨 관련자들을 반드시 법으로 처벌해야 한다는 여론이 일반화되면서 전두환·노태우 두 전직 대통령은 감옥에 갇히는 신세가 됐다. 5·18 피해자 322명이 전두환·노태우 씨 등 35명을 고소하면서 1년 이상 수사를 계속해 온 검찰은 7월에 수사 결과를 발표했다. 5·18은 전두환 당시 보안사령관 등 신군부가 정권을 장악하기 위한 과정으로 정권 찬탈을 위한 쿠데타라고 결론을 내렸다. 수사 당국이 정권 전복을 노린 쿠데타로 판정한 것이다.

그러나 처벌은 하지 않겠다고 밝혔다. 전직 대통령인 이들을 처벌할 경우 법질서가 단절돼 엄청난 사회적 혼란이 일어날 우려가 있다는 이유에서였다. 솔직히 말해서 성공한 쿠데타의 처벌은 어렵다는 뜻이었다. 당장 교수들이 들고일어섰고, 변호사까지 가두시위에 나서 특별법 제정을 요구했다. 5·18 피해자들도 헌법소원을 제출하는 등 분위기는 악화됐다.

결국 김영삼 대통령은 쿠데타 당사자들을 처리하기 위한 5·18 특별법 제정을 추진하겠다고 밝히고 법 제정을 지시했다. 이 법의 제정은 바로 두 전직 대통령의 사법 처리를 의미했다. 국회뿐 아니라 검찰도 특별수사본부를 설치하고 12·12와 5·18 사건에 대한 전면 수사를 재개했다. 관련자들이 속속 소환되고 수사는 숨가쁘게 돌아갔다.

비로소 전두환·노태우 비자금 문제가 도마에 올랐다. 10월 19일, 국회 대정부 질문에서 민주당 박계동 의원은 노태우 전 대통령이 4천억 원의 비자금을 100억 원 단위로 쪼개 40개의 차명계좌에 분산 예치해 놓았다고 폭로했다.

이 폭로는 물증과 함께 터져 나와 일파만파로 번져 갔고, 정부는 즉시 전면조사에 착수했다. 검찰은 300억 원이 입금된 차명계좌를 찾아내고 수사를 벌여 돈 주인이 노태우 전 대통령이라는 사실을 확인했다.

노태우 씨와 친동생까지 소환하며 수사의 강도를 높이던 검찰은 노씨를 피의자 신분으로 재소환했다가 다음날 전격 구속 수감해 세계를 놀라게 했다. 불과 3년 전만 해도 대통령 신분이었던 노씨의 혐의는 30개 재벌기업으로부터 2300억 원이 넘는 막대한 뇌물을 챙겼다는 것이었다. 수사 착수 한 달 만에 노씨를 구속한 검찰은 서글픈 생각이 든다고 속마음을 드러냈다. 어마어마한 돈을 기업체들로부터 빼앗다시피 한 전직 대통령이 한심했던 것이다. 이런 사람에게 꼼짝 못하고 국민들이 당한 세월에 대한 회한도 묻어 있었다.
 구치소를 향하기 전 피의자 신분임에도 노씨는 소견을 밝혔다. 국민에게 송구하며 모든 책임을 떠안고 어떤 처벌도 달게 받을 각오라고 운을 뗀 노씨는 자신 때문에 곤욕을 치른 기업인들에게 사과했다. 그러나 정치권에 대해서는 표현은 완곡했지만 원망과 섭섭함을 드러냈다.

"정치인들에게 한 말씀 드리고 싶습니다. 여러분들 가슴에 안고 있는 불신 그리고 갈등, 이 모두 내가 안고 가겠습니다. 어떤 처벌도 달게 받겠습니다. 제발 이것을 계기로 해서 정치인들 이제는 이 불신과 갈등을 씻어 버리고 화해와 이해와 협력으로 새로운 정치 문화를 만들어서 우리 후배들에게 물려주기를 간절히 부탁드립니다."

마치 정치권의 불신과 갈등으로 희생양이 된 듯한 인상을 주고 있었다. 정치인들은 발끈했다. 불신과 갈등의 장본인이 피해자인 것처럼 연기하는 것을 보니 아직도 정신을 못 차렸다며 일제히 비난을 퍼부었다. 잘못을 뉘우치거나 후회하는 내용이 거의 없는 소견 발표에 분노한 시민들은 노씨를 태우고 구치소로 향하는 승용차에 욕설과 함께 계란 세례를 퍼부었다. 구치소 정문에서는 돌까지 던졌다. 이런 치욕이 없었다.
 위대한 보통 사람의 시대를 열겠다는 포부와 함께 최고의 시절을 보내면서 자신에게 대통령직을 물려주었던 동기생을 유배시킨 노태우 씨는 뇌물 때문에 검찰에 소환되고 감옥에 갇히는 첫 번째 전직 대통령으로 전락했다. 세계 언론들은 매 시각 톱뉴스로 쿠데타를 일으켜 권력을 잡고 천문학적인 돈을 부정 축재한 후진국형 정치 사건의 주모자로 노태우 전 대통령을 보도하고 있었다. 대한민국의 수치였다.

골목길 성명

검찰은 마침내 전두환 전 대통령까지 소환 조사하기로 결정했다. 검찰은 전씨에게 12월 2일 오후 3시에 출두하라고 통보했다. 피의자 소환으로 불응하면 강제구인도 불사할 태세였다.

전씨는 출두를 거부했다. 대신 검찰이 출두하라는 당일 아침 9시 연희동 집 앞 골목에서 성명을 발표했다. 이른바 골목길 성명이었다. 전씨는 단 한 마디의 사과나 해명도 하지 않았고 자신이 정쟁의 희생자임을 강조했다. 이런 결정을 내린 김영삼 대통령에게도 책임이 있다고 물고 들어갔다.

"저는 전임 대통령의 자격으로 김영삼 대통령의 취임식에 참석해서 격려를 아끼지 않았고, 김 대통령이 저를 방문했을 때 조언도 했던 기억이 납니다.
그런데 취임 후 3년이 다 되어 가는 지금에 와서 김 대통령은 갑자기 저를 내란의 수괴라 지목하며 과거사를 전면 부정하고 있습니다. 만일 제가 국가의 헌정질서를 문란케 한 범죄자라면 이러한 내란세력과 야합해 온 김 대통령 자신도 응분의 책임을 지는 것이 순리가 아니겠습니까."

전씨는 이어서 대통령의 지시 한 마디로 이미 종결된 사안에 대한 수사를 재개하는 것은 정치적 필요에 따른 것이기 때문에 검찰의 어떠한 조치에도 일절 협조하지 않겠다고 선언하고 핵심 측근과 함께 동작동 국립묘지를 참배한 뒤 고향인 경남 합천으로 떠났다.

검찰은 전씨의 성명을 대국민 선전 전략으로 보고 가능한 빠른 시간 내 구속하기로 방침을 정했다. 반란 수괴, 지휘관 계엄 지역 이탈, 상관 살해 및 미수 등 여섯 가지 혐의로 사전 구속영장을 청구했다. 밤 11시가 넘어서 영장을 발부받은 검찰은 곧바로 검거반을 합천에 급파했다.

다음날 새벽 6시쯤, 어둠이 짙게 깔려 있던 합천군 율곡면 내천리 전두환 씨 생가에 검찰 수사관이 들이닥쳤다. 동네 청년들과 잠시 실랑이가 벌어졌으나 곧바로 대문이 열리고 전씨가 안채에서 모습을 드러냈다. 30여 분 만에 전씨를 태운 검찰 호송차는 합천을 떠났다. 전씨는 오전 10시 반 안양교도소에 수감됐다. 비로소 12·12와 5·18에 대한 법적 심판이 시작된 것이다.

그러나 두 사람의 전직 대통령이 다른 죄도 아닌 뇌물죄로 나란히 구속된 것은 어디에서도 낯을 들 수 없는 나라 망신이었다. 뻔뻔한 두 전직 대통령이 대한민국의 체면을 땅바닥에 팽개치고 있었다.

이 두 사람을 심판할 수 있는 5·18 특별법안은 12월 초 국회에 제출됐고, 정기국회 마지막 날 국회 본회의에서 통과됐다. 법안이 국회를 통과한 1995년 12월 19일은 역사적인 날이었다.

성공한 쿠데타에 대한 16년 만의 심판

첫 공판 이후 6개월 남짓한 기간에 28차례의 공판이 진행됐던 12·12, 5·18의 1심 재판이 1996년 8월 26일 열렸다. 전두환 사형, 노태우 징역 22년 6개월. 군사반란죄와 내란수괴죄가 적용됐다. 성공한 쿠데타에 대한 16년 만의 심판이었다.

재판부는 전두환 피고인에 대해 군 병력을 동원해 군 내부 질서를 파괴하고 헌법 질서를 문란케 한 점에서 죄질이 매우 무겁다고 밝혔다. 그리고 두 피고인이 재임 중 기업체들로부터 받은 돈은 모두 뇌물로 봐야 한다며 전액 추징을 선고했다. 추징금은 전두환 2259억 5천만 원, 노태우 2838억 9600만 원. 재판부는 대통령 지위를 이용해 기업체들로부터 엄청난 부정축재를 한 점은 비록 재직 중 경제안정과 정권교체의 업적이 있었다 하더라도 정상을 참작할 수 없다고 강조했다.

노태우 피고인도 제2인자로서 12·12 사건과 5·17 사건에 적극 관여해 정권을 찬탈하고 대통령 재임 당시 기업주들로부터 거액의 뇌물을 받은 점 등은 중형을 피하기 어렵다고 밝혔다. 다만 노태우 피고인은 국민들의 직접선거에서 대통령으로 당선돼 북방 외교와

UN 가입 등 상당한 업적을 남긴 점을 고려했다고 설명했다.

무고한 양민들을 살해하고, 쿠데타로 정권을 빼앗고, 그 권력으로 뇌물을 챙기고. 어떤 명목으로도 용서받지 못할 범죄였다. 그러나 단 한 가지, 성공한 쿠데타라는 점 때문에 법의 심판대에 올리는 데 16년이 넘는 시간이 걸렸다. 아무리 나쁜 일을 저질러도 힘과 권력을 잡으면 모두 합법으로 바꿀 수 있다는 실제 사례를 두 전직 대통령은 생생하게 보여주고 있었다. 다시는 이런 일이 반복되지 않도록 하는 조치가 절실했다.

전씨와 노씨는 법정에 나란히 서서 손을 잡았고, 두 사람 표정은 어느 때보다 굳어 있었다. 판결문 낭독이 두 시간 가까이 이어지다 30초간의 선고가 내려지자, 두 사람은 아무 말 없이 악수를 나눈 뒤 헤어졌다.

그러나 잘못을 뉘우치는 기색은 없었다. 이 재판은 출석 증인만 41명에 달했고 판결문도 400쪽이 넘었다. 전두환·노태우 피고인은 즉각 항소했다.

항소심은 열두 차례나 공판이 계속된 끝에 그해 12월 16일 선고 공판이 열렸다. 전두환 씨는 무기징역으로, 노태우 씨는 징역 17년으로 감형됐다. 추징금도 전두환 2205억 원, 노태우 2628억 원으로 약간 줄어들었다.

재판장은 12·12 군사반란을 주도한 하극상으로 군의 기강을 파괴했다고 전두환 피고인을 질타하고 힘으로 권력을 탈취하면서 많은 사람을 살상하고 군사통치의 종식을 기대하는 국민에게 큰 상처를 주었다그 판결했다.

이날 재판에는 세 차례나 법정 출석을 거부한 최규하 전 대통령이 강제구인되기도 했지만 끝내 입을 열지 않았다. 이런 태도는 전직 대통령으로서 직무 유기라는 비난을 받았지만, 증언할 마음이 없는 것 같았다. 또 다른 혼란과 피해를 걱정한 때문이겠지만 아쉬움은 컸다.

마침내 추징금 확정

1997년 4월 17일 대법원은 드디어 전두환·노태우 두 전직 대통령의 형을 확정했다. 민주화가 시작된 6·29 이후 꼭 10년 만이었다. 항소심 그대로 전두환 피고인에게는 내란과 반란의 수괴죄로 무기징역에 추징금 2205억 원, 노태우 피고인에게는 내란과 반란의 중요 임무 종사죄로 징역 17년에 추징금 2628억 원이 선고됐다.

대법원 전원 합의체는 성공한 쿠데타도 사법 심사의 대상이라고 적시함으로써 폭력으로 권력을 장악한 행위는 정당화될 수 없음을 분명히 했다. 또 대통령의 직무는 포괄적이어서 재벌들에게서 돈을 받았다면 구체적인 청탁이 없었다 해도 뇌물이라고 규정해 새로운 판례를 남겼다. 이날 공판은 윤관 대법원장이 주문과 판결 이유를 낭독하는 것으로 16분 만에 역사적 재판을 마무리했다.

대법원의 확정 판결로 전두환·노태우 두 피고인은 미결수에서 기결수로 교도소에 수감됐고, 연금 등 전직 대통령 예우는 곧바로 박탈됐다. 검찰은 전두환 씨 2205억 원, 노태우 씨 2628억 원의 추징 판결을 집행했다. 먼저 납부 명령을 보낸 뒤 부동산과 채권을 경매하고 은행 예금을 압류하는 절차를 밟았다.

그러나 전씨는 확인된 재산이 230억 원에 불과하고, 1400억 원 정도를 숨겨 놓은 것으로 추정돼 집행에 큰 어려움이 예상됐다.

고작 8개월 만에 사면

그해 12월 치러진 대통령 선거에서 국민회의 김대중 후보가 15대 대통령에 당선됐다. 바로 이틀 뒤 김영삼 대통령과 김대중 대통령 당선자는 오찬 회동에서 전두환·노태우 씨의 사면과 복권을 결정했다. 국민 대통합이라는 명분을 내걸었지만, 국민들은 두 사람의 죄과에 비해 너무 빨리 용서했다는 불만이 가득했다. 대법원이 확정 판결을 내린 지 겨우 8개월 만이었다.

12월 22일 오전 전두환·노태우 씨는 석방됐다. 다소 마른 편이었으나 건강한 모습의 전씨는 김대중 대통령 당선자에게 감사하고 앞으로 경제난 극복에 도움이 되겠다고 말했다. 자신을 법정에 세운 김영삼 대통령에 대해서는 언급하지 않았다.

교도소 생활을 묻는 기자들에게 "여러분은 교도소 오지 마시오"라고 농담을 던질 정도로 여유만만했다. 벌을 받은 사람 같지가 않았다. 잘못을 저질렀다고 생각하지 않는 것 같았다. 노씨가 작은 목소리로 간단한 소감을 밝히고 구치소를 떠난 것과 대조적이었다. 출감을 지켜본 시민들은 전씨의 개선장군 같은 모습에 기가 막혔다. 정치활동을 일절 하지 못하게 막고, 어떻게 해서든 추징금을 모두 받아내야 한다고 성토했다.

이날 두 사람의 집은 오후 내내 5·6공 인사들로 북적댔다. 유례가 없는 엄청난 범죄를 저지르고 사법의 심판을 받았던 사람들의 귀환이라고는 도저히 믿을 수 없는 분위기였다. 염치를 모르는 사람들의 대표적 집단이었다. 이제 죄를 물을 수 있는 방법은 끝까지 추징금을 받아내는 것뿐이었다.

멀고도 험난한 추징금 환수

6·29 선언부터 꼬박 10년이 걸려 대법원의 선고로 확정된 전두환 씨의 추징금은 2205억 원. 그로부터 또 10년이 지난 지금까지 받아 낸 돈은 500억 원 남짓. 검찰이 갖은 방법으로 애를 써왔지만 4분의 1도 되지 않는다.

숨겨 놓은 돈은 분명히 있는 것 같은데 전씨는 전혀 없다고 잡아떼고 있다. 12·12, 5·18에 대해서는 사면을 받았으니 추징금이라도 받아내야 한다고 모두들 생각하고 있지만, 사정은 여의치 않다.

사용하고 있는 승용차를 경매에 부치고, 어떤 재산들이 있는지 공개해 달라고 재판에 넘기고, 아들의 계좌에서 전씨 비자금을 찾아내고, 부인이 갖고 있던 채권까지 환수하고, 가족들의 부동산 거래 내역을 조사하고……. 검찰의 전씨 재산 찾기 노력은 방법을 가리지 않고 계속돼 왔다. 작은 실마리라도 하나 걸리면 집요하게 파고들었지만 받아내야 할 돈은 아직도 엄청난 액수다. 지난 10년 동안 전씨의 추징금을 받아내는 길은 멀고도 험난했다.

벤츠 승용차 경매로 시작

전두환 씨의 추징금 시효 3년을 앞두고 있었던 2000년 봄. 그때까지 전씨는 312억 9천만 원만 납부해 1892억 원이 미납된 상태였다. 전씨의 숨겨진 재산을 찾던 검찰은 징수 시효가 눈앞으로 다가오자 비상수단을 강구했다. 전씨의 재산을 압류해 경매에 부치는 방법을 쓴 것이다.

추징금 징수 시효는 3년이지만 단 1원만 찾아내 받아내더라도 이 순간부터 시효는 다시 3년 더 연장되기 때문이다. 검찰은 용평콘도 회원권과 83년식 벤츠 승용차에 대한 강제집행(압류) 명령을 법원에 신청했다. 법원은 징수 시효 마감일인 5월 21일 검찰의 신청을 받아들여 이 재산은 압류 조치됐고, 추징금 징수 시효는 2003년 5월 21일까지로 3년 더 연장됐다. 벤츠 승용차는 6개월 뒤 감정가보다 5배 이상 비싼 9900만 원에 낙찰돼 국고에 들어갔다. 이것이 시작이었다.

추징 시효 마감인 2003년에 검찰은 다시 고민에 빠졌다. 이번에는 재산명시를 신청했다. 전 재산이 29만 1천 원뿐이라고 재산 목록을 작성해 국민적 분노와 함께 심한 조롱을 받았던 재산명시 재판이었다.

　젊지만 원칙에 충실한 판사가 버티기 전공인 전씨를 압박해 가족 9명의 재산 목록을 받아내는 성과를 올리면서 그해 10월 2일 전씨 소유의 가재도구와 개인 용품 일체가 경매에 부쳐졌다.

　진돗개와 골프채, 그림 등 감정가 1790만 원어치의 경매품 49점이 전시됐다. 경매 시작 두 시간 전인 오후 두 시부터 연희동 전씨 자택 부근에는 400명이 넘는 사람들이 몰려 발 디딜 틈이 없을 정도였다. 외국인도 보였다.

　660만 원으로 감정받은 진돗개와 가전제품들은 경매 시작 15분 만에 무려 7800만 원에 낙찰됐다. 30만 원짜리 골프채는 그 30배인 900만 원에 팔렸다. 서예 병풍과 동양화도 10배 가까이 값이 뛰는 등 물품들은 속속 팔려 나갔다. 총 낙찰가는 1억 7천만 원. 법원 감정가의 10배에 달했다. 경매가 진행되는 동안 시민단체 회원들은 "검찰은 은닉 재산을 철저히 파헤쳐라"는 피켓을 들고 구호를 외쳤다.

　한 달 뒤에는 전씨의 연희동 별채에 대한 경매가 다시 실시됐다. 서울지방법원 서부지원에서 실시된 경매에서 전씨의 처남 이창석 씨가 감정가 7억 6천만 원보다 2배 이상 비싼 16억 4천여만 원을 제시해 낙찰받았다. 전씨의 처남은 전씨가 이 별채를 계속 사용할 수 있도록 하기 위해 높은 값을 불렀던 것으로 알려졌다. 연희동 집 본채는 이순자씨 명의로 돼 있어 가압류 처분을 면했다.

　개인 용품과 별채의 두 차례 경매로 전씨 추징금은 18억 2천여만 원이 줄었다. 그러나 여전히 남아 있는 추징금은 1875억 원이나 됐다.

결혼 축의금이 20억 원, 그것으로 불린 167억 원

전씨 재산에 대한 경매가 실시되고 있을 무렵, 현대 비자금 사건을 수사하고 있던 대검 중수부가 사채업자의 계좌에서 뭉칫돈을 발견했다. 추적한 결과 전씨의 차남 재용 씨의 돈으로 드러났다.

검찰은 조사를 계속한 끝에 재용 씨의 차명 계좌에서 167억 원의 괴자금을 찾아내고 이 가운데 73억 5천여만 원이 전씨의 비자금임을 확인했다. 나머지 돈 93억 5천만 원도 전씨의 비자금일 가능성이 큰 것으로 보고 수사를 확대했다.

재용 씨는 2000년 12월 말 외할아버지 이규동 씨로부터 액면가 167억 원어치의 국민주택 채권을 받고도 증여 재산을 은닉해 74억 3천여만 원의 세금을 포탈한 혐의를 받고 있었다. 재용 씨는 이 자금을 차명계좌에 보관하면서 기업어음을 매입하고 벤처회사 등에 투자한 것으로 나타났다. 이 돈으로 이태원의 호화빌라 3채를 구입한 사실도 밝혀졌다.

재용 씨는 검찰 조사를 받으면서 이미 단종된 낡은 승용차를 빌려서 타고 나와 비난을 받았고, 탤런트 박상아 씨의 은행 계좌에 돈을 넣은 사실도 드러나 구설수에 올랐다.

재용 씨는 공판에서 이 167억 원의 출처를 자신의 결혼 축의금이라고 주장해 또 한 번 지탄을 받았다. 1987년 결혼할 당시 아버지 전두환 씨가 축의금을 못 받게 해 하객들이 외할아버지 이규동 씨에게 전달한 결혼 축의금 14억 원을 합쳐 20억 원이 든 통장을 받았고, 이후 외할아버지가 13년 동안 이 돈을 불려 167억 원이 됐다고 주장했다.

결혼 축의금이 무려 20억 원. '세상에 이런 결혼식도 있었구나' 하고 입을 다물 수가 없었다. 이해할 수도, 용서할 수도 없었다. 이 재판에는 재용 씨 결혼식 때 축의금을 냈던 사람이 나와 "3천만 원을 하고도 부족하다고 생각했고, 자신의 인척은 1억 원을 냈다"고 밝혀 방청객들을 놀라게 했다. 권력이 있는 곳에 돈이 있었고, 권력의 크기에 따라 상상할 수 없을 정도로 축의금 액수가 커지는 것을 보여준 실제 사례였다.

3천만 원을 축의금으로 내는 결혼식이라니 상상이 되지 않았다. 3천만 원을 내고도 부족했다고 걱정하고, 1억 원을 낸 사람도 있다는 대목에서는 놀라움을 넘어서 욕이 나올 지경이었다. 그러고도 사람들에게 보이기 위해서 축의금을 받지 않는 결혼식이라고 알렸을 것이다. 실제로는 20억 원을 축의금으로 챙긴 이 사람들에게 도대체 부끄러움이라는 게 있는가.

그런데 또 이 돈이 불과 10년 남짓 만에 8배가 넘는 167억 원으로 불어났다고 했다. 별천지에 살고 있는 그들만의 재산 증식법이었다. 검찰이 20억 원으로 그렇게 불리는 것은 불가능하다고 했지만, 외할아버지는 육군 경리감 출신이고 퇴역 후에는 농협 이사까지 지내 재산 투자 능력이 뛰어났다고 반박했다. 여기에다 전씨의 처남 이창석 씨까지 변호인의 증인으로 출석해 아버지 이규동 씨가 어떻게 돈을 불렸는지 증언했다. 이씨는 할인된 금액으로 채권을 구입해서 만기 전에 높은 금리로 팔았고, IMF 위기 때 시중 금리보다 아주 높은 금리나 복리가 적용된 점을 감안하면 167억 원 이상 불리는 것도 가능하다고 주장했다.

2004년 7월 말 법원은 전재용 씨에게 중형을 선고했다. 징역 2년 6개월에 벌금 33억 원. 재판부는 167억 원 중 73억 원은 전두환 씨가 관리하던 계좌에서 나온 것임을 감안할 때 전씨의 자금으로 인정된다고 밝히고, 결혼 축의금을 외조부가 불린 것이라고 주장하고 있지만 그렇다면 왜 이 돈이 전씨의 비자금 계좌에 들어 있는지 설명할 수 없다고 덧붙였다. 재판부는 특히 전두환 전 대통령이 거액의 추징금을 미납하고 있는 상황에서 거액을 증여받고도 세금을 포탈한 범죄는 비난받아 마땅하다고 강조했다.

재용 씨측은 즉시 항소했다. 두 달 뒤 서울 고등법원은 항소심에서 형량을 낮춰 징역 2년 6개월에 집행유예 3년으로 재용 씨를 풀어 줬다. 대신 벌금은 33억 원에서 60억 원으로 올려서 부과했다. 재용 씨측은 또 상고했다.

알토란 같은 내 돈 130억 원

검찰은 2004년 5월, 이번에는 부인 이순자 씨를 소환해 조사했다.

전씨 비자금으로 보이는 130억 원을 관리해 온 혐의가 포착됐기 때문이다.

이순자 씨는 결혼 초기 10년간 친정살이를 하며 애써 모은 40억 원을 친정아버지 이규동 씨에게 맡겼고, 이씨가 사망한 뒤 130억 원으로 불어난 돈을 돌려받았다고 주장했다.

군인 장교 월급으로 10년 만에 어떻게 40억 원을 모을 수 있었는지 도저히 이해가 되지 않았다. 40억 원을 모으는 과정은 접어 두더라도 여기서 이규동 씨는 다시 재산 증식의 달인으로 등장했다. 13년 만에 결혼 축의금 20억 원을 167억 원으로 불렸던 이씨였으니 40억 원을 130억 원으로 만드는 것은 일도 아니었겠지만, 검찰도 일반 국민들도 믿을 수가 없었다.

그래서 검찰은 이 돈에 전씨의 비자금이 상당 부분 포함된 것으로 보고 이순자 씨에게 전씨 추징금으로 대납하면 어떻겠느냐고 제의했다. 큰 기대를 걸지 않고 권유했는데 놀랍게도 이순자 씨는 예상을 깨고 130억 원의 거금을 추징금으로 대납하겠다고 수락했다. 그 돈을 포기한 이유가 정확히 무엇인지 알 수 없었지만 돈을 포기하는 심정은 몹시 억울했던 것 같았다. 대납 의사를 밝히고 이순자 씨는 "130억 원은 알토란 같은 내 돈인데……" 하고 30분이나 눈물을 쏟았다.

1천만 원짜리 채권으로 이순자 씨가 보관하고 있었던 102억 원과 친 인척들에게 맡겨 관리하고 있었던 28억 원 등 130억 원은 전씨 추징금으로 국고에 들어왔다. 검찰의 큰 성과였다. 130억 원이 줄었지만 남아 있는 추징금은 여전히 1672억 원이나 됐다.

세뱃돈이 100만 원

2005년 새해 첫날, 전두환 전 대통령은 서울 금천구의 한 보육원 원생들로부터 새배를 받았다. 초·중학생 15명으로 구성된 아이들은 시민단체의 주선으로 전직 대통령과 국회의장에게 세배를 나선 길이었다.

전씨는 세뱃돈으로 100만 원을 내놓았다. 여전히 씀씀이가 컸다. 전씨가 신고한 전 재산 29만 1천 원의 3배가 넘는 돈이었다. 김영삼 전 대통령과 김원기 국회의장의 세뱃돈은 각각 30만 원이었다.

아이들은 뜻밖에 큰돈이 생기자 부담을 느꼈다. 서로 상의한 끝에 구호 성금으로 내자고 의견을 모으고 당시 지진 해일로 큰 피해를 입은 인도·태국 등 동남아시아 주민들에게 써달라며 세뱃돈 전부를 내놓았다. 우리 아이들의 염치가 이 정도였다.

전씨는 세뱃돈 100만 원 때문에 또다시 욕을 먹었다. 숨겨 놓은 돈으로 호의호식하면서도 추징금을 내지 않으려고 거짓말하는 사기꾼을 어떻게 하지 못하는 우리 사회가 원망스럽다는 사람도 있었다.

세뱃돈 해프닝 한 달 뒤, 전씨의 장남 재국 씨가 경기도 연천군 일대에서 1만 6천 평이 넘는 땅을 사들인 것으로 확인됐다. 연천군은 당시 파주 LCD 단지 조성으로 땅값이 폭등해 1년 반 사이에 3배나 오른 지역으로 땅을 얼마에 샀는지는 드러나지 않았지만 이 땅의 당시 시가는 40억 원이 넘는 것으로 알려지고 있었다.

전두환 씨 집안에서는 아버지 재산은 30만 원도 안 되는데 장남은 수십억대의 땅을 사는 이상한 일이 벌어지고 있었다.

추징금 시효 2009년 6월, 미납액 1670억 원

검찰은 서울 서초동 일대 토지 100여 평이 전두환 씨와 장인 이규동 씨의 공동명의로 돼 있는 것을 확인하고, 전씨 땅 51평을 경매에 부쳐 1억 1천만 원을 국고로 환수했다.

또 41억 원어치의 채권이 현금으로 전환돼 재용 씨와 초등학교에 다니는 재용 씨의 두 아들 계좌에 입금된 단서를 잡았다. 출처 파악이 힘든 무기명 채권이었다. 만기는 2003년 하반기로 당시는 검찰이 전씨 추징금을 받아내기 위해 전씨의 가재도구와 별채를 경매에 부쳤던 때였다. 그런 와중에서도 숨어 있던 채권이 3년이 지나서야 현금화된 것이다. 이런 이유로 검찰은 전씨가 비자금 일부를 아들과 손자 계좌로 옮겼을 가능성이 큰 것으로 보고 있다.

여전히 검찰은 전씨의 재산 찾기 노력을 계속하고 있지만, 전씨가 숨겨 놓은 돈은 드러나지 않고 있다.

2007년 현재 전씨의 추징금 시효는 2009년 6월까지로 연장돼 있고, 미납액은 1670억 원에 이른다. 대법원에서 추징금을 확정한 지 10년이 지났는데도 76%를 내지 않고 버티고 있는 전씨의 배짱에 검찰도 속수무책이다.

전씨 재산 찾아내기를 언제까지 계속해야 할지 알 수 없지만, 전씨 일가가 수백억 재산을 가지고 아무 불편 없이 살아가는 것을 보는 국민들은 심기가 불편하다. 권력으로 빼앗다시피 한 돈으로 노후가 보장되고 그 돈이 세습된다면 우리 사회에서 정의는 과연 어디서 찾을 것인가.

5·18과 12·12에 대해서는 법적으로 사면까지 받았고, 추징금을 받아내는 것도 더 이상 진전이 없을지도 모른다. 그러나 염치 문제는 처벌을 할 수는 없지만, 마음 깊은 곳에서 양심의 가책을 일으킨다. 자신의 내면에서 스스로에게 가하는 처벌은 피할 수가 없다. 시효도 없다. 내가 나를 나쁜 사람으로 규정하고 질책하는 것보다 더 괴롭고 오래가는 것은 없다.

여기에다 비난 여론도 줄기차게 전씨를 압박하고 있다. 재산 문제로, 집안 문제로, 온갖 일들이 화제가 될 때마다, 그리고 매년 5월 18일이나 12월 12일이면 어김없이 여론의 벌을 받는다. 영화나 책에서는 권력 찬탈을 의해 무고한 국민을 학살한 주범으로 그려진다. 부끄러움을 아는 사람이라면 끝도 없이 계속되는 비난에 매일매일이 지옥 같았을 것이다. 그럼에도 불구하고 전씨는 흔들리는 모습을 보이지 않았다. 오히려 당당한 모습으로 쏟아지는 비난을 헤쳐 왔다.

2
재벌 회장의 복수

누가 감히 내 아들을

서울 강남구 청담동의 한 술집에서 재벌그룹 회장의 둘째 아들이 친구들과 어울려 술을 마시고 있었다. 미국의 일류 대학인 예일대학에 다니다 오랜만에 귀국해 가진 술자리였다. 그동안의 일을 서로 털어놓으면서 흥겨운 분위기였다. 미국에서 있었던 일들을 화제에 올리며 쌓였던 회포를 마음껏 풀고 있었다. 재벌 회장 아드님이 합석한 자리라서 술집 서비스도 만점이었다. 즐거운 분위기는 자정을 넘기면서 더욱 무르익어 갔다.

그런데 옆자리에는 그날 일과를 마친 북창동의 술집 종업원 대여섯 명이 술을 마시며 종일 쌓인 스트레스를 풀고 있었다. 그러나 이들은 신경이 곤두섰다. 이 술집에서 단골인 자신들을 제쳐두고 옆자리 손님들 접대에 지나치게 마음을 쓰고 있었기 때문이었다. 술손님을 접대하는 일에 이골이 난 이들은 옆자리에 있는 사람들의 신분이 어느 급수인지 대충 짐작했지만, 그래서 더 기분이 나빴다. 자신들도 어엿한 손님으로 왔는데 이곳에서까지 차별을 받을 수는 없었다. 회장 아들 일행과 눈길이 마주치면 곱지 않은 시선으로 노려보기도 했다.

결국 시비가 붙고 말았다. 테이블 사이의 좁은 통로를 지나가던 회장 아들이 이들과 부딪치면서 순식간에 싸움이 붙었다. "내가 누군지 아느냐?"는 회장 아들의 말에 더 자극을 받아 싸움판은 살벌하게 변해 갔다. 몇 차례 구타를 당한 재벌 회장 아들이 계단으로 굴러 눈 주위를 열 바늘이나 꿰매야 하는 전치 2주의 부상을 입었다. 피를 흘리는 부상까지 당한 데다 싸움에 익숙하지 않은 회장 아들 일행은 일단 철수했다.

그날 초저녁 재벌그룹 회장은 아들이 술집에서 폭행당해 크게 다쳤다는 이야기를 듣고 격분했다. 국내 9대 재벌인 한화그룹의 김승연 회장이었다. 김 회장은 도저히 분을 참지 못하고 아들을 때린 놈을 찾아 나섰다. 아들과 경호원 등 10여 명을 데리고 폭행 사건이 벌어졌던 청담동 술집으로 쳐들어갔다. 그리고 누가 아들을 때렸느냐고 다그쳤다. 서슬이 퍼런 회장의 닦달에 술집측에서는 마지못해 북창동에 있는 술집 종업원들이라고 털어놓았다.

김 회장은 즉시 북창동 술집으로 연락해 당장 이쪽으로 와서 정중하게 사과하라고 독행에 가담한 종업원들을 불러냈다. 이들은 밤 8시쯤 청담동 술집에 도착했다. 그러나 정작 김 회장 아들을 때린 당사자는 바쁘다는 핑계로 오지 않았다.

김 회장은 이들을 차에 태워 부근 청계산 자락의 신축 공사장으로 끌고 갔다. 그리고 아들을 때린 놈 나오라고 윽박질렀다. 이내 폭행이 시작됐다. 하는 수 없이 "내가 때렸다"고 대신 나선 종업원에게 아들이 눈을 다쳤으니 너도 눈을 맞으라면서 눈 부위를 때렸다. 경호원들은 끌려간 종업원들을 계속 위협했고, 삽으로 땅을 파면서 파묻겠다는 협박까지 했다. 인적이 없는 산속에서 공포 분위기가 계속되자 종업원들은 더 견디지 못하고 아들을 폭행한 사람은 여기 없다고 실토했다.

김 회장은 아들을 때린 주범은 숨겨 놓고 거짓말한 것에 더욱 흥분했다. 이런 놈들에게 자신이 희롱당하고 있다고 느꼈다. 또다시 폭행이 시작됐고 분위기는 한층 더 험악해졌다. 김 회장은 어떻게 해서라도 이날 밤에 폭행 주범을 찾겠다고 마음먹고 다시 이들이 일하고 있는 북창동 술집으로 향했다. 등산복 차림에 모자를 눌러 쓴 김 회장 뒤로 경호원들이 따라갔다.

밤 10시가 넘어 술집에 도착한 김 회장은 사장을 불러 종업원들을 빠짐없이 집합시키라고 소리쳤다. 한동안의 소란 끝에 아들을 폭행했던 이 술집 전무를 찾아내고 뺨을 때렸다. 다른 종업원들은 바닥에 무릎을 꿇었다. 김 회장은 이어서 아들에게 보복하라고 지시했다. 회장 아들은 시키는 대로 폭행을 감행했다.

밤 12시가 지나 경찰관 한 명이 술집으로 들어왔다. 경찰은 신고한 사람이 누구냐고 물었지만 아무도 나서지 않았다. 술집 사장은 우리끼리 싸웠다고 둘러댔다. 종업원들도 자기들끼리 싸운 척했다. 술집 내부를 잠시 둘러본 경찰은 그냥 술집을 나갔다.

한바탕 소란이 끝난 뒤 다소 분이 풀린 김 회장은 직접 폭탄주를 만들어 종업원들에게 하나하나 돌리면서 "화해했으니 없었던 일로 하자"며 술값으로 100만 원을 주고 술집을 떠났다.

사건은 이렇게 끝나는 듯했다. 한 달이 지나도록 잠잠했다. 사소한 시비 끝에 폭행당한 젊은이의 아버지가 가해자들을 응징한 해프닝으로, 흔히 볼 수 없는 사건이었지만 얼마든지 일어날 수 있는 일이었다. 명문 미국 예일대학에 다니는 데다 아시안게임 금메달리스트로 참으로 자랑스러운 아들이 술집에서 얻어맞았다면 아버지 입장에서는 참기 힘들었을 것이다.

그러나 아들 폭행에 보복한 아버지가 재벌 회장이라면 이야기가 달라진다. 돈과 지위를 가진 사람이 이런 식으로 보복에 나선다면 결과는 심각할 수밖에 없다. 법이 무용지물이 되는 것이다. 옳고 그름은 갖고 있는 힘의 크기에 비례해서 가려지게 된다. 이런 점에서 이 사건은 거센 파장을 일으킬 소지를 안고 있었다.

하지만 사건은 알려지지 않았다. 보복 폭행이 발생한 직후부터 증권가나 언론 주변에서 소문이 돌았고 제보도 들어왔지만, 도대체 확인이 되지 않았다. 피해자, 가해자 가릴 것 없이 당사자들이 모두 부인하는 바람에 보도를 할 수 없었다. 무엇보다 내용이 황당하고 소설 같아서 기자들이 기사화할 생각을 아예 하지 않은 것도 이유였다.

그러나 한 달 반이 지나 사건이 언론에 처음 보도되자, 상황은 180도 달라졌다. 재벌 회장이 아들의 복수를 위해 폭행을 했다는 사실 자체가 충격적이었다. 사건은 일파만파로 번져 갔다. 김승연 회장의 이름이 보도되면서 관심은 더욱 증폭됐다. 영화 같은 내용으로 흥미를 끌었고, 가진 자의 횡포에 대한 분노도 한몫 했다.

보통의 아버지들은 무력감을 느끼기도 했다. 세 아들을 모두 하버드대와 예일대 등 미국의 일류 대학에 보내고 돈이라면 걱정이 없는 재벌 회장. 그것까지만 해도 주눅이 들기에 충분한데 아들의 술자리 패싸움도 힘으로 해결할 수 있는 아버지였다.

보도 이후 한 주 내내 이 사건은 인터넷 검색 1위였다. 유전무죄·무전유죄가 적용되지 말아야 한다는 의견부터 한화 조폭단, 한화 마피아로 부르며 조롱하는 의견까지 폭발적인 관심이 이어졌다. 김 회장과 비교하면서 '아버지는 뭐 하냐'고 따지는 아들도 나오겠다고 걱정하는 사람도 있었다.

전문가들은 부모 잘 만나 별 어려움 없이 젊은 나이에 재벌 총수에 오른 것이 사건의 원인이라고 진단했다. 자신에게 대들거나 지시를 거부하는 사람을 구경조차 하기 힘들었을 것이다. 치밀어 오르는 화를 삭여야 하는 경험도 거의 없었을 것이다. 자랑스러운 아들에 대한 사랑이 지극했던 만큼 분노는 걷잡을 수 없이 커져 갔을 것이고, 그 이후에는 오직 감정이 이끄는 대로 행동했을 것이다.

주변 사람들은 평소 회장님 스타일대로 알아서 조치하고, 시키는 대로 따랐을 것이다. 감히 참으라고 말릴 수 있는 사람은 아무도 없었다. 제동 장치가 없는 폭주 기관차였다. 그것이 비극이었다.

재벌 봐주기 수사

사건이 온 사회의 조명을 받게 되자, 경찰도 전면 수사에 돌입했다. 김 회장을 출국금지 조치하고 폭행당한 술집 종업원과 경호원 등 22명을 소환 조사해 7명을 입건했다. 김 회장과 아들도 경찰에 출두해 조사를 받았다. 김 회장 자택과 회사 집무실을 압수수색하고 폭행 사건이 벌어졌던 청담동 술집을 현장 조사했다.

그러나 재벌 회장이 사건 당사자인 수사는 제대로 진행되지 않았다. 로비는 당연한 수순이었고, 필요한 돈은 얼마든지 있으니 수사에 차질이 생기는 것은 시간 문제였다. 이미 늑장 수사에다 재벌 봐주기 수사라는 지적이 나오고 있었다. 사건 발생 다음날부터 내사를 계속해 왔던 서울경찰청 광역수사대에서 사건을 남대문경찰서로 넘긴 것도 이런 의혹을 증폭시켰다. 사건 발생 직후 현장조사를 나갔던 수사과장에게 '합의한 사건'이라며 철수를 지시해 초동 수사를 막았다는 의혹도 제기됐다. 미국 예일대를 다니다 서울대에

교환학생으로 온 김 희장 둘째 아들이 서울대 현장학습단 일원으로 중국으로 출국하고 국내에 없는데도 두 차례나 출국금지를 요청하는 허점도 드러냈다.

특히 보복 폭행 당일 밤 신고를 받고 북창동 술집에 경찰관이 출동했고, 폭행사건에 재벌 회장 아들이 관련돼 있다는 구체적 정황이 있었는데도 경찰청장에게 보고하지 않은 문제점도 불거졌다. 보고 체계가 경찰 조직의 생명인 점을 감안하면 설명이 되지 않았다.

이처럼 경찰 수사에 각종 의혹이 집중되고 있는 가운데 한화측이 조직폭력배를 동원한 정황이 드러나면서 수사 담당자가 징계를 받는 사태가 벌어졌다.

경찰은 범서방파 행동대장 출신인 맘보파 두목 오모 씨와 권투선수 출신 장모 씨 등 조직폭력배들이 폭행에 가담한 사실을 밝혀냈다. 그런데 맘보파 두목 오씨가 사건 발생 뒤 담당 수사과장과 식사를 한 사실이 드러나 이 수사과장을 대기 발령 조치한 것이다. 가뜩이나 수사 과정의 의혹 때문에 안팎으로 시달리고 있는 상황에서 경찰로서는 조직폭력배와의 유착 가능성을 조기에 차단할 수밖에 없었다.

그러나 이 같은 경찰 내부의 진통은 시작에 불과했다. 그 다음날에는 서울경찰청장이 전격 사퇴했다. 수사 과정의 의혹과 경찰 신뢰가 위기에 처한 책임 때문이라고 했다. 보복폭행 사건이 경찰 전체를 흔들고 있었다. 그날 경찰청은 늑장 수사와 은폐 의혹에 대한 감찰 결과를 발표하고, 서울경찰청 수사부장과 형사과장 등 4명을 직위해제했다. 사건 수사를 맡고 있는 남대문경찰서장도 자리에서 물러났다. '한국 경찰 치욕의 날'이었다.

경찰청의 감찰 조사에서 서울경찰청 수사부장은 해당 직원들의 반발에도 불구하고 내사를 한창 진행하던 광역수사대에서 사건을 강제로 남대문경찰서로 넘기도록 지시한 것으로 드러났다. 한화의 로비 때문이었다. 한화 고문으로 있는 최기문 전 경찰청장이 몇 번이나 청탁성 전화를 했고, 사건을 축소·은폐하려고 시도했던 사실도 밝혀졌다. 경찰청장도 구설수에 올랐다. 한화측과 통화한 적이 없다고 하고서는 나중에 통화한 사실을 시인했기 때문이었다.

불똥은 북창동 주변 상인들에게도 튀었다. 서울 강북 지역에서 이름난 음식점과 유흥업소가 밀집한 북창동은 한화그룹 계열 호텔과 금융 플라자가 있어서 한화 상권이라고 불릴 만큼 한화 의존도가 높았다. 한화 직원들이 발을 끊게 되면 어떻게 하느냐고 상인들은 노심초사했다.

상인들까지 재벌 아들을 건드린 것 때문에 장사를 걱정하는 판이었다. 감히 우리 상권을 쥐고 있는 회장님 아들을 건드리다니…… 보복 폭행 사건을 저질렀는데도 재벌 회장은 비판할 대상이 아니었다. 오히려 회장 아들을 폭행한 종업원들을 원망하면서 문제가 더 커지지 않고 빠른 시간 안에 조용히 마무리되기만을 고대하고 있었다. 이것이 재벌의 힘이고, 또 현실이었다.

변호인 선임에서도 재벌 회장은 일반 사람들과 격이 달랐다. 변호인이 아니라 '변호인단'이었다. 검찰 수사와 재판을 위해 검찰 출신 외부 변호사 3명을 선임하고, 그룹 내 법무실 변호사 10명과 함께 13명에 이르는 대규모 변호인단을 꾸린 것이다. 경찰의 초동수사에서부터 한계를 보이고 있는 재벌 회장 사건 수사가 향후 제대로 진행될 것인지, 그리고 과연 처벌은 제대로 받을 것인지, 대한민국의 보통 아버지들은 다른 관점에서 보복 폭행 사건을 주목하고 있었다.

폭행 혐의로 구속된 최초의 재벌 회장

사건이 일어난 지 두 달쯤 지난 5월 12일 새벽, 김 회장은 남대문경찰서 유치장에 수감됐다. 폭행 혐의로 재벌 회장이 구속된 것은 처음이었다. 적용된 혐의는 자신의 아들과 싸움을 했던 북창동 술집 종업원들을 청계산 인근 신축 건물 공사장에 감금한 뒤 쇠파이프 등으로 폭행하고, 다시 북창동 술집으로 찾아가 종업원 2명을 폭행했다는 것이다.

김 회장은 영장 실질 심사에서 구속을 피하기 위해 그동안 부인했던 혐의들을 대부분 시인하고 풀죽은 모습으로 선처를 호소했다. 그때까지 경찰 조사에서 보여 왔던 당당한 태도와는 딴판이었다. 구속이 결정되자 김 회장은 충격에 휩싸여서는 사과문을 발표했다.

"국가 경제 발전에 전념해야 할 기업인으로서 국민 여러분께 큰 심려를 끼쳐 사죄를 드립니다. 상대방을 탓하고 분노하기 전에 자식에게 먼저 회초리를 들어 꾸짖지 못한 저 자신이 너무도 후회스럽습니다. 30년 가까이 기업을 경영하면서 산전수전 다 겪은 기업인으로서, 사적인 문제로 법의 심판을 기다려야 하는 저 자신이 너무 초라하고 참담합니다."

견딜 수 없는 수치심이 사과문의 핵심이었다. 처음부터 끝까지 사과하고, 후회하고, 비통한 심정을 고백했다. 순간의 잘못으로 고통을 당하는 것은 재벌 회장이라고 해서 다를 게 없었다.

김 회장은 밤 12시 20분쯤 남대문경찰서에 도착해 비장한 표정으로 유치장에 들어갔다. 양변기와 세면기가 딸린 4.3평짜리 독방이었다. 최대 수용 인원은 5명이지만, 특별 배려로 혼자 수감됐다. 술·담배는 일체 금지되고 CCTV가 24시간 감시했다.

첫날 아침은 잘 먹지 못하고 음식을 남겼지만, 점심은 거의 다 비워 수감 생활에 빠르게 적응했다. 사흘째는 전날 밤 강도 높은 수사로 아침을 굶고 늦잠을 자기도 했다. 김 회장은 면회를 일체 거절했으나 부인·장남·차남과 모니터로 하는 화상 면회를 가졌다. 부인에게 "내 걱정은 하지 마시오", 아들에게는 "새 사람이 되기를 바란다"고 말했다. 대화 중에는 감정이 북받쳐 눈물을 보이기도 했다.

김 회장에게 2007년은 재도약의 원년이었다. 1월 벽두에 기업 CI(기업 이미지)를 바꾸고 올해 사업은 모두 해외에서 한다며 글로벌 경영에 강한 의지를 보였다. 다양한 업종을 놓고 인수 가능한 업체를 찾고 있었고, 국내외를 막론하고 적극적인 인수 합병을 추진하겠다고 포부를 밝혔다.

　김 회장은 보복 폭행 사건을 벌인 뒤에도 글로벌 경영을 위해 바쁘게 움직였다. 그 사건은 폭탄주를 돌리며 화해하고 끝난 것으로 생각했던 것이다. 보복 폭행 사건을 일으킨 지 보름 정도 지난 3월 26일, 김 회장은 대구 세계육상선수권대회와 평창 동계올림픽 유치 활동을 위해 유럽으로 출국했다. 먼저 그리스 대통령을 면담하고 한국은 평창 동계올림픽 유치에 최선의 노력을 다하고 있으니 지원해 달라고 요청했다. 김 회장은 이 자리에서 그리스 명예 총영사로 임명됐다. 불과 한 달도 못 돼 보복 폭행의 덫이 자신을 덮칠 줄은 꿈에도 모르고 있었다.

　김 회장은 특히 신의를 강조하는 CEO였다. 신용과 의리는 21세기 기업인이 지켜야 할 도덕적 자질로 불가결한 덕목이라고 평소에 밝혀 왔다. 신의와 의리에 살고 죽는, 선이 굵은 보스였다. 그러나 다른 각도에서 보면 이 '의리와 신의'가 보복 폭행 사건을 불러온 하나의 원인일 수도 있었다. 연초부터 새로운 경영으로 기업을 일신하겠다는 김 회장의 계획은 보복 폭행이라는 암초에 걸려 무산될 위기에 처했다. 본인뿐 아니라 기업 전체의 위기였다.

　김 회장은 사건을 일으킨 지 석 달 만에 구속 기소됐다. 검찰은 보복 폭행에 조직폭력배 3명이 가담했으며, 한화측이 이들에게

1억여 원을 건넸다는 사실을 확인했다고 밝히고, 그러나 김 회장은 조직폭력배 동원 사실을 사전에 알지는 못했던 것 같다고 수사 결과를 발표했다.

비서실장과 경호과장이 독자적으로 동원했다는 것인데, 경찰 수사와는 배치되는 내용이어서 논란이 예상됐다. 어떻든 재벌이 돈을 주고 조직폭력배를 동원한 것은 분명한 사실이었다. 돈과 폭력이 결합한, 전형적인 폭력 세계의 단면이었다. 돈을 받은 맘보파 두목 오씨는 사건이 처음 보도된 지 사흘 만에 캐나다로 달아난 것으로 드러났다.

"자세를 똑바로 하시오"

사회의 관심이 집중된 가운데 6월 19일 1심 첫 공판이 열렸다. 하늘색 반팔 수의 차림으로 법정에 나온 김 회장은 모든 것을 진실하게 대답하겠다고 선서했다. 그러나 이날 재판에서 김 회장은 상당히 여유가 있었다. 검사 신문에 턱을 괸 채로 웅하다가 판사에게 "자세를 똑바로 하라"는 지적을 받았을 정도로 재판은 별로 걱정하지 않는 태도였다.

검사의 질문에 비교적 솔직하게 답변하던 김 회장은 비속어를 거침없이 사용해 재판부의 심기를 건드리기도 했다. 피해자들을 5~6차례 '놈'이라고 불렀고, 폭행 상황을 설명할 때는 '머리통'· '아구'·'귀싸대기' 등의 비속어를 거침없이 사용했다. 김 회장은 검사 질문에 반박할 때는 반어법을 써가며 당당하게 응했고, 당시 상황을 동작으로 재현하면서까지 범행 사실을 상세하게 설명했다. 아무 거리낌이 없었다.

    검　　사 : 주점에서도 차분하게 이야기할 수 있지 않습니까?
    김 회장 : 검사님, 술집 안 가봤죠? 옆방에서 밴드로 노래하고 시끄러운데 어떻게 조용히 얘길 합니까?
    검　　사 : 피해자들을 몇 대나 때렸습니까?
    김 회장 : 권투처럼 이렇게 (양 주먹을 휘둘러 보이며) 아구를 몇 대씩 돌렸습니다.

200여 명이 가득 메운 방청석에서 웃음이 터졌다. 김 회장은 1982년부터 15년 동안 아마추어복싱연맹 회장을 역임했다. 법정에서 주먹을 휘두르면서 비속어를 쓰는 김 회장은 후회하거나 잘못을 반성하는 모습이 아니었다. 오히려 법정을 모독하는 수준이었다.
  비속어 사용은 계속됐고 조직폭력배 수준의 답변이 이어졌다. 아들에게 보복을 지시한 핵심 부분도 주저없이 시인했다.

    검　　사 : 피해자들의 눈 주위를 집중적으로 때렸습니까?
    김 회장 : 저도 나이가 많은데 아들 또래와 '맞짱'을 뜰 수는 없지요.
    검　　사 : 아들을 직접 때린 종업원을 찾아낸 뒤 어떻게 했습니까?
    김 회장 : 아들에게 '네가 빚진 만큼 갚으라'고 시켰어요.

경호원들에게 폭행을 지시한 사실도 순순히 인정했다. 그것도 본인이 때리다가 피곤해서 폭행을 지시했다는 내용을 별 생각 없이 털어놓는 대목에서는 집단폭행에 대한 죄의식이 크게 없다는 인상을 재판부에 주었다.

검　사 : 경호원에게 폭행하라고 지시했습니까?
김 회장 : 피곤했기 때문에 때리라고 했습니다.
검　사 : 때리다가 지쳐서 피곤했습니까?
김 회장 : 그렇게 보실 수도 있고…….

그러나 김 회장은 계획적 범행에 대해서는 끝까지 부인했고 쇠파이프·전기충격기 등을 폭행에 사용하지는 않았다고 진술했다. 검사 질문에 작은 쇠파이프로 때렸다고 진술했다가 검사가 재차 묻자 겁만 주었다고 말을 바꿨다.

검　사 : 쇠파이프를 사용해 폭행했습니까?
김 회장 : 겁주기 위해서 한 대 때린 정도입니다.
검　사 : 때리기는 때렸습니까?
김 회장 : 내가 희롱당하고 있다는 생각으로 흥분했기 때문에 (쇠파이프로) 때리려는 것을 누군가 말렸습니다.

김 회장은 재판에 어느 정도 자신을 갖고 있는 것 같았다. 우발적인 사건에다 현재 진행중인 대규모 해외 사업 등의 경영 차질이 국가적 손해를 끼칠 수 있고, 최고의 변호인들까지 선임한 터라 큰 걱정을 하지 않는 것처럼 보였다.

거침없는 답변에다 폭행 장면까지 행동으로 보이는 등 사건을 일으킨 당사자의 모습이 아니었다. 김 회장에 대한 실망과 거부감이 커지고 있었다. 반성하고 용서를 빌어도 도자랄 지경인데 법정을 자신의 사무실처럼 생각하고 있는 듯한 태도는 또 다른 비난을 자초했다.

재판부도 법정을 구시하는 김 회장의 태도에 문제가 있다고 생각하고 있었다. 그러나 김 회장 변호인은 현재 사우디아라비아와 대규모 석유화학 프로젝트가 진행중이어서 이달 말 6조~7조 원 규모의 계약을 해야 하는데 김 회장이 있어야 한다며 회사와 국가를 위해 석방시켜 달라고 호소했다.

나흘 뒤 결심 공판에서 검찰은 김 회장에게 징역 2년을 구형했다. 검찰은 대기업 회장이라는 지위와 재력을 바탕으로 사적인 보복을 가해 법치주의의 근본을 무시한 사건이라는 점에서 중형이 불가피하다고 밝혔다. 하지만 피해자들과 합의가 됐고, 사랑하는 아들이 다쳐서 범행을 저지른 점을 감안해 징역 2년을 구형했다.

그러나 너무 낮은 구형으로 검찰은 재벌 봐주기 선봉에 섰다는 비판을 받았다. 법조계 내부에서도 문제 있는 형량이라는 의견이 많았다. 김 회장 변호인단은 검찰 구형이 징역 2년으로 예상했던 것보다 낮게 나오자 크게 안도하는 분위기였다. 잘 하면 집행유예도

가능하겠다고 예상했다.

재판부는 이날 공판에서 김 회장의 보석을 기각했다. 10년 이상의 징역에 해당할 수 있는 범죄를 저지른 경우여서 현행 법에 따라 보석을 허가할 수 없다고 밝혔다. 김 회장은 최후진술에서 국민께 심려를 끼쳐 드려 송구스럽고, 경제인들과 한화 임직원들께도 진심으로 사과한다고 말하고 다시 한 번 용서를 빌었다.

관행 깨고 집행유예 없는 실형 선고
7월 2일 1심 선고 공판이 열렸다. 법정에 들어선 김 회장은 재판장에게 두 손을 모으고 공손히 인사했다. 지난번 공판 때와는 태도가 판이했다. 다른 피고인들은 고개만 숙였지만, 90도가 되도록 허리를 굽혔다. 방청석을 향해서도 목례를 하는 등 여유 있는 모습이었지만 김철환 판사가 판결 주문을 읽으면서 사정은 돌변했다.

재판부는 김 회장에게 집행유예 없이 징역 1년 6개월을 선고했다. 재판부는 김 회장이 처음부터 범행 전 과정을 주도한 것으로 보이며, 지위를 이용해 사적 보복을 가하고, 수사기관에서의 진술을 뒤집는 등 법 경시 태도를 고려할 때 실형 선고가 불가피하다고 밝혔다.

또 여러 정황을 살펴볼 때 김 회장이 쇠파이프 등을 사용한 것도 인정되고, 청계산 이동 등 범행이 조직적으로 이뤄졌다고 덧붙였다. 더구나 반항할 수 없는 피해자들을 밤중에 공사장으로 끌고 가서 아들을 진짜 때린 종업원이 따로 있다고 자백할 때까지 폭행하고, 아들에게도 폭행을 지시하는 등 법질서 위반의 정도가 크고, 대단히 폭력적이며 위험성도 높다고 강조했다. 결론적으로 이번 사건에서 김 회장이 처음부터 범행의 전 과정을 주도해 그 책임이 가장 무겁다고 판시했다.

특히 재판부는 김 회장의 법 경시 태도를 문제삼았다. 수사 초기에는 청계산에 간 적도 없다고 말했다가 구속되자 바로 시인하고, 쇠파이프를 사용한 적이 없다고 했다가 다시 위험한 물건을 든 적은 있다고 진술을 번복하는 등 법질서를 가볍게 여겼다고 비판했다. 따라서 회사 업무의 차질을 감안하더라도 실형 선고가 불가피하다고 밝혔다.

김 회장 변호인단은 사전에 계획되지 않은 우발적 범행임을 강조하고 회사 경영에 차질이 있다는 점을 집중 부각시켰으나 무위로 끝났다. 검찰 구형에서 피해자와 합의했다는 이유로 예상보다 낮은 징역 2년이 구형돼 집행유예 기대도 컸고, 김 회장이 갈아입고 돌아갈 사복도 준비했으나 예상대로 되지 않았다.

김 회장은 실형이 선고되자 잠시 고개를 떨어뜨렸다가 못마땅한 표정으로 변호인단을 쳐다본 뒤 말없이 피고인 대기실로 향했다. 김 회장은 항소했다.

이날 판결은 김 회장의 법 경시 태도와 검찰의 '봐주기 구형'에 쐐기를 박은 것으로 김철환 판사의 소신이 반영된 결과였다. 선고

형량을 검찰 구형량의 절반 정도인 1년을 선고한 뒤 피해자와의 합의를 이유로 집행유예를 선고하면 되는, 아무 부담이 없는 상황이었는데도 판사는 집행유예를 선택하지 않았다. 호화 변호인단의 전관예우 관행도 통하지 않았다. 김 판사는 김 회장 변호인과 같은 재판부에서 부장 판사와 배석 판사로 2년 동안이나 지냈지만 원칙대로 집행했다. 그동안의 관행을 깬 엄벌이라는 평가를 받았다.

반면 낮은 구형량으로 체면을 구겼던 검찰은 이 재판에서도 항소를 하지 않겠다고 밝혀 또 한 번 '재벌 봐주기'라는 비난을 받았다. 검찰이 항소하지 않으면 항소심 재판부는 더 불리한 판결을 할 수 없기 때문이었다.

구치소에 수감된 김 회장은 1심 판결 열흘 뒤 우울증과 신경쇠약 진단을 받기 위해 수원 아주대병원에 입원했다. 병원 입원을 허가한 서울구치소 의료과장은 우울증 악화, 불면증 등으로 6개월 정도의 치료가 필요하다고 밝혔다. 김 회장이 입원한 병실 주변은 외부와 철저히 차단됐다. 건장한 남자들이 병실 밖에서 출입을 통제했고, 병실 문패에는 환자 이름도 없어 김 회장의 입원 사실조차 쉽게 알 수 없었다.

김 회장은 아주대병원에서 13일 동안 치료를 받고 퇴원해 재수감됐다. 구치소 수감 중에 열흘이 넘는 병가를 얻어내고 병원에 입원한 김 회장도, 입원을 허락한 서울구치소도 비난을 받았다. 김 회장에 대한 여론은 1심 선고 이후 크게 나빠졌는데 치료가 아니라 진단을 위해 2주 가까이 병원에 입원하면서 더욱 악화되었다.

회장의 실형 선고로 한화그룹은 비상이 걸렸다. 석유화학·건설·금융 등 계열사별로 추진해 오던 해외 사업은 10여 건으로 수조 원에 달했다. 특히 사우디아라비아에서 추진 중인 70억 달러 규모의 석유화학 합작사업은 계약 성사 막바지 단계였다. 하지만 김 회장 구속 이후 일정을 잡지 못해 협상이 지연되고 있었다. 한화그룹은 김 회장의 실형 선고로 비상경영 체제에 돌입했다.

한화, 이렇게 로비했다

경찰의 늑장 수사, 외압 수사 의혹을 조사한 검찰 특별수사팀은 수사 결과를 발표했다. 한화 로비는 전 경찰청장인 최기문 한화건설 고문이 경찰 수뇌부를 책임지고, 한화리조트 감사와 맘보파 두목 오씨가 남대문경찰서 수사 라인과 피해자 무마를 맡았다고 밝히고 그 경위를 다음과 같이 설명했다.

"최 고문은 고등학교 후배인 장희곤 남대문경찰서장에게 사건 무마를 부탁했고, 장 서장은 제보를 받고 현장조사를 나간 수사과장에게 '피해자와 합의된 사건'이라며 철수를 지시해 초동수사를 중단시켰다.

최 고문은 또 서울경찰청과 서울경찰청 형사과장에게도 선처를 부탁했고, 이에 따라 사건 다음날부터 내사를 해왔던 서울경찰청 광역수사대는 서울경찰청 수사부장 지시로 사건을 남대문경찰서로 넘겼다. 사건을 넘겨받은 남대문경찰서는 김 회장과 무관한 것으로 조서를 만들어 내사 종결 수순을 밟았다. 언론의 첫 보도가 있을 때까지 피해자 조사는 아예 하지도 않았고, 언론 보도 이후에는 거꾸로 수사가 활발한 것처럼 수사 보고서를 조작하기도 했다."

재벌이 관련된 사건 수사에서 경찰이 얼마나 허약한지를 실증적으로 보여주는 발표였다. 검찰은 사건 무마와 피해자 합의금 명목으로 12억 7천만 원을 한화측이 썼다고 밝혔다. 피해자 합의금으로 7억 원, 피해자 보상과 경찰 청탁 명목으로 5억 7천만 원이었다. 그러나 금품을 받은 경찰관은 단 한 명도 밝혀내지 못했다.

서울경찰청 총수가 물러나고, 관할 일선 서장이 옷을 벗고, 사건 담당 간부 4명이 직위해제당하는, 부끄러워서 고개를 들 수조차 없는 치욕의 상황이 벌어졌던 것은 사건 당사자가 재벌 회장이라는 단 하나의 이유 때문이었다.

휠체어 공판

8월 7일 항소심 첫 공판 때 김 회장의 모습은 완전히 딴판이었다. 덥수룩한 수염과 빗지 않은 머리카락, 완연한 병색으로 초췌했다. 휠체어를 타고 법정에 들어선 김 회장은 피고인석에 앉기 위해 교도관들의 부축을 받아야 했다.

깔끔하게 머리를 빗어 넘기고 당당하게 걸어들어와 방청석을 향해 인사하던 1심 때와는 180도 달랐다. 팔꿈치를 대고 턱을 괸 채

검사의 신문에 맞서던 진술 태도 역시 크게 변했다. 힘없는 목소리로 "네", "그렇습니다"와 같은 단답만 짤막하게 되풀이했고 필요한 대목마다 "반성하고 있습니다"를 탄복했다.

변호인은 김 회장이 다리를 제대로 못 쓰고 불면증과 우울증을 앓아 왔는데 실형 선고 이후 더 악화돼 지금은 휠체어 없이는 이동이 힘들다고 설명하고 계획적 보복 폭행이 아니라 화를 참지 못해 일어난 우발적 사건이므로 선처해 달라고 호소했다. 수면제 없이는 잠을 못 잔다고 들었는데 몇 알이나 먹느냐는 판사의 질문에 김 회장은 27알을 먹는다고 대답했다. 변호인은 치사량에 가까운 양인데 그래도 듣지 않는다고 부연했다. 변호인측은 정신과 전문의 등을 증인으로 신청하고 구속집행정지 신청서를 제출했다.

김 회장은 눈물까지 보였다. 재판부가 사건의 발단이 됐던 둘째 아들이 '아버지 대신 처벌받고 싶다'는 탄원서를 낸 사실을 아느냐고 묻자, 모른다고 하면서 탄원서를 볼 수 있도록 해달라고 부탁했다. 재판부가 건넨 탄원서를 읽은 김 회장은 한동안 말이 없다가 눈가를 훔쳤다.

일주일 뒤 재판부는 입원 치료 필요성이 인정된다며 구속집행정지 신청을 받아들였다. 김 회장은 13일 동안의 입원으로 병원 진단을 받아내고, 그것을 근거로 다시 한 달간의 입원 치료 허가를 얻어낸 것이다. 9월 13일까지 한 달간 구속집행이 정지되고 주거지는 서울 종로구 서울대병원으로 한정됐다.

김 회장은 서울대병원에 도착해 간단한 신체검사를 받은 뒤 하루 입원비만 80만 원이 넘는 20평 크기의 특실에 입원했다. 김 회장은 병을 핑계로 장기 휴가를 떠난 셈이었다. 보복 폭행을 주도한 김승연 회장이 하루 80만 원이 넘는 특실에 또 입원했다는 보도가 나가면서 '유전무죄'는 변함이 없는 진리라는 말이 시중에 떠돌았다. 경찰도, 검찰도, 법원도 모두 재벌 편이라는 우울한 진단을 하면서 보통의 아버지들은 소주잔을 기울였다.

결국 집행유예로 석방

9월 11일 김승연 회장의 항소심 선고 공판이 열렸다. 환자복을 입고 휠체어를 탄 채 법정에 나온 김 회장은 건강이 좋아졌느냐는 재판부의 질문에 짧게 "네" 하고 답했고, "일어서서 선고를 들을 수 있겠느냐" 고 묻자 혼자 힘으로 자리에서 일어나 선고를 들었다. 높은 도덕적 의무를 져야 할 재벌 회장이 보복 폭행이라는 용서받을 수 없는 범죄를 저지른 데다, 1심에서 집행유예 없는 실형이 선고됐다는 점에서 항소심에서도 이전과는 다른 판결이 나올 것이라는 기대가 커지고 있었다.

재판 과정에서의 불량한 태도와 하루아침에 병자로 전락해 병원을 전전한 김 회장에 대해 국민들의 시선은 곱지 않았다. 진심으로 부끄러워하고 잘못을 뉘우치는 것과는 거리가 멀다고 생각했고, 순간적인 실수로 큰 곤욕을 치르고 있는 데 대한 동정심도 적었다. 다만 법원이 어떤 판결을 내릴지에 더 관심을 쏟고 있었다.

하지만 기대는 역시 물을 건너갔다. 김 회장은 집행유예로 풀려났다. 김득환 판사는 "징역 1년 6개월에 집행유예 3년을 선고하되, 피고인이 재벌그룹 회장으로서 과도한 특권 의식을 버리고 화광동진(和光同塵)의 자세로 땀을 통해 이번 범행을 속죄할 수 있도록 복지시설과 단체에서 200시간의 대민 봉사활동을 명한다"고 판결했다.

화광동진은 『노자』에 나오는 구절로, 자기의 지혜를 드러내지 않고 속인들과 어울려 지내며 참된 자아를 보여준다는 뜻이다. 재벌 회장이지만 처지가 어렵고 힘든 곳에서 직접 몸으로 봉사를 하면서 잘못을 깨닫도록 하라는 판결이었다.

그러나 이는 처벌이 아니라 관용을 베푸는 것처럼 들렸다. 넉 달이 넘도록 사회의 공분을 샀던 사람에게 내린 처분으로는 미흡했다. 법도 가진 자의 편이라는 세속적인 판단이 다시 한 번 증명됐을 뿐이었다.

판결문이 낭독되는 동안 별다른 감정을 드러내지 않았던 김 회장은 집행유예가 선고된 후에도 특별한 반응을 보이지 않았다. 1심 재판 때 튀는 언행으로 여론의 욕을 먹은 데다 이제는 끝났다는 안도감으로 비로소 재벌 회장으로서의 체면을 지키려는 것처럼 보였다.

재판부는 집행유예 선고 이유를 여섯 가지나 들었다.

첫째, 아버지로서의 마음이 앞서 분별력을 잃고 저지른 범행으로 아버지의 부정(父情)을 인정했다. "아들이 술집 종업원들의 집단 폭행으로 상처를 입은 것을 보고 아버지로서 부정이 앞서 사리 분별력을 잃고 범행을 저지르게 됐다."

둘째, 범행이 치밀하게 계획된 것으로 단정하기 어렵다.

셋째, 동원한 폭력배들이 직접 폭력을 행사하지 않았다.

넷째, 피해자들의 상해 정도가 심하지 않고 이들과 합의했다.

다섯째, 일반 폭력 사건과의 형평성에 비춰 김 회장에게 실형을 선고한 것은 지나치다.

여섯째, 다른 사람이 가해자를 자처하고 나서는 바람에 격분해서 사건이 커졌지만, 실제 가해자를 찾아낸 뒤에는 그렇게 심한 폭력을 행사하지 않았다는 점에서 우발적 범행이라는 결론을 내렸다.

선고 이유에 대한 다른 생각

재판부는 이처럼 집행유예 선고 이유를 들었지만, 보는 관점에 따라 전혀 다른 해석이 가능했다.

첫째, 아버지로서의 부정이 분별력을 잃게 만들었다고 하지만, 평범한 아버지였다면 사리 분별력을 잃어도 이런 식으로 보복에 나설 수가 없다. 필요한 사람을 얼마든지 동원할 수 있고, 사후 수습도 문제없이 처리할 수 있는 재벌 회장과 같을 수가 없다.

아들을 사랑하는 마음은 모든 아버지에게 공통된 감정이지만 신분에 따라 그 대응 방법이 다르고, 결과 역시 매우 다르게 전개된다. 재벌 회장이라면 분별력을 잃는 것 자체가 엄청난 문제를 일으킬 수 있기 때문에 분별력을 잃었다는 이유로 면죄부를 주게 되면 그야말로 형평성을 잃게 된다. 아버지의 마음으로 용서하려면 그 아버지가 갖고 있는 위치와 힘이 보통의 아버지와 비슷해야 한다는 전제가 필요하다는 것이 일반 사람들의 생각이었다.

둘째, 범행을 치밀하게 사전에 계획한 것으로 단정하기 어렵다는 것도 상식적으로 이해하기 곤란한 측면이 있었다. 화를 참지 못해서 보복에 나선 사람이 불과 6~7시간 동안 계속된 사건에서 이 정도로 사람을 동원하고 장소를 바꿔 가며 폭력을 휘둘렀다면 그 자체가 상당한 정도의 계획성이 있다고 보는 것이 상식이다. 치밀하게 계획한 것이 아니라고 하더라도 경호원과 조직폭력배를 동원한 것을 우발적 범행으로 볼 수 있느냐는 의문도 제기됐다.

셋째, 조직폭력배가 직접 폭력을 행사하지 않았다는 대목도 논란거리였다. 조직폭력배는 아무 짓도 하지 않고 그냥 필요한 위치에 서 있기만 해도 위력을 행사한 것이 될 수도 있다는 근거에서였다.

넷째, 피해자 합의 문제도 고약했다. 검찰 기소 단계부터 피해자와 합의했다는 점이 형량을 낮추는 중요한 근거였는데, 과연 재벌 회장의 보복 폭행 사건에도 일반 교통사고나 폭행 사건 경우처럼 피해자와의 합의가 의미가 있는 것인지 따져 볼 필요가 있었다. 피해자 입장에서는 폭행한 재벌 회장을 용서하고 용서하지 않고를 떠나서 합의는 어쩔 수 없는 선택이므로 일반적인 사건의 합의와는 그 성격이 아주 다를 수밖에 없다. 따라서 재판부는 이 사건에서 피해자와의 합의를 받아들여야 할 의미가 별로 없다는 견해가 법조계 내부에서 제기됐다.

다섯째, 김 회장의 경우를 일반 폭력 사건과 형평을 맞춘다는 것도 무리라는 지적이 대다수였다. 보통사람들의 술자리 다툼으로 발생한 폭행을 김 회장의 보복 폭행과 비교하는 것 자체가 처벌할 의지가 없다는 것을 단적으로 보여주는 것이라는 의견이었다. 우발적인 실수를 인정한다 하더라도 재벌 회장의 경우면 단죄 기준이 훨씬 엄격해야 한다는 것이 일반적인 법 논리였다.

여섯째, 우발적으로 일어난 단순 폭행으로 결론을 내린 것은 1심 재판부의 판단을 정면으로 뒤집은 것이었다. 물론 판사에 따라 판결 내용이 다른 것은 당연하다. 그러나 결정적인 처벌 기준이 정반대라면 문제는 매우 심각하다.

재판부는 "사적 보복을 금지하고 있는 법질서를 정면으로 부정해 형사 처벌 대상"이라고 한 1심의 선고 이유를 인정하고서도 이렇게 논란을 불러일으킬 수 있는 이유를 대면서 김 회장을 석방했다. 재벌 봐주기라는 비난을 피할 수가 없었다.

김 회장은 6개 혐의로 기소됐고, 1심 재판 때는 법정을 모독하는 행동을 거리낌없이 하면서 법질서를 무시해 여론의 질타를 받았던 사람이었다. 뿐만 아니라 1심 때와 같이 항소심에서도 모든 공소 사실이 유죄로 인정됐는데도 집행유예 선고를 내린 것은 법 적용의 형평성을 무너뜨리는 것이었다.

법조계 안팎에서도 법원이 재벌 총수들에게 유독 선처를 베푸는 것에 대한 비판이 이어졌다. 더구나 1심에서 실형을 선고받은 현대차 정몽구 회장에게도 닷새 전 집행유예가 선고되면서 이 같은 비판의 강도가 거세졌다.

　공정하지 못한 법 집행은 김 회장의 구속 일수에서도 그대로 드러났다. 5월 11일 구속된 이후 집행유예로 풀려날 때까지 124일 가운데 42일을 구치소 밖에서 보냈다. 3분의 1이 넘는 기간이었다. 병원 진단 때문에 13일, 건강 악화에 따른 구속집행정지로 한 달. 그렇지 않아도 재벌 봐주기 판결이라는 욕을 먹고 있는 마당에 수감 조치까지 국민들의 감정을 건드리고 있었다.

　해외 언론에서는 '휠체어 타는 한국 회장들'이라는 제목으로 한국 재벌 회장들을 비판했다. 처벌받을 상황에 처하면 병을 구실로 위기를 모면하기 위해 휠체어를 탄다고 비꼬았다. 이건희 삼성 회장은 안기부 X파일 논란 때 미국으로 피했다가 휠체어를 타고 귀국해 조사도 제대로 받지 않았고, 현대자동차 정몽구 회장도 휠체어를 타고 재판에 출석해 집행유예로 풀려났다. 국제적으로 부끄러운 우리 재벌의 모습이었다.

실종된 한국판 노블레스 오블리주

재판부는 집행유예를 결정하기까지 고민이 많았을 것이다. 여론이 어떤 요구를 하고 있는지 너무나 잘 아는 입장에서, 재벌 봐주기 수사로 곤욕을 치르고 있는 검찰을 보면서 석방 판결을 내리기는 매우 힘들었을 것이다.

그러나 피고인은 재벌 회장이었다. 그래서 중벌을 내려야 한다고 목소리를 높이고 있지만, 같은 이유로 지나친 처벌은 곤란한 것이다. 수천, 수만 명의 생계를 책임지고 있는 사람은 그냥 보통의 아버지가 아니다. 잘못은 밉지만 국가 전체에 미칠 영향을 고려하지 않을 수 없었을 것이다.

그리고 넉 달이 넘는 동안 구치소에서 상당한 처벌을 받았다고 할 수도 있었다. 재벌 회장에게 인신 구속이라는 처벌의 강도는 열 배, 스무 배 더 커질 수 있다. 체면 때문이다. 똑같은 수모를 당해도 고통의 종류나 정도는 보통 사람들과 크게 다를 수밖에 없다.

이런 속사정에도 불구하고 국민들은 그럴 줄 알았다는 반응을 보였다. 불평등 판결이 또 재연된 것뿐이지 않느냐고 자조적인 말을 내뱉는 경우가 대부분이었다. 원망과 질책이 섞인 목소리가 국민들 사이에서 퍼져 가고 있었다. 네티즌들도 분노를 폭발시켰다. "대한민국 역사에 길이 남을 코미디극이 일어났다"는 내용부터 "판결을 내린 판사를 탄핵해야 한다", "국민들은 눈과 귀도 없느냐"까지 거센 비난을 쏟아냈다.

경호원을 부르고, 조직폭력배를 동원하고, 한밤중에 장소를 옮겨가며 아들을 폭행한 사람을 찾아내고, 그렇게 해서 아들이 보복을 하도록 시키고, 사건이 알려진 뒤에는 돈과 인맥을 동원해 경찰 수사에 로비를 하고, 재판을 받으면서 법정을 모독하고……. 일일이 열거하기도 힘들었다. 조직폭력배 수준의 범행을 저지르고도 사건을 무마하려고 온갖 방법을 동원한 사람을 재벌 회장이라는 이유로 풀어 주는 것이 바로 2007년 우리 법원이라고 비판했다.

 재벌 회장의 삶은 내가 아니라 남을 위한 것이다. 수많은 사람들의 생계를 책임져야 하고 나라 경제도 걱정해야 한다. 남보다 잘나서가 아니라 그만큼 많은 책임을 지고 있기 때문에 더 많은 힘을 가지게 되고 특권이 주어지는 것이다. 치외법권이라고 할 수 있을 정도다. 이 모든 것이 재벌 회장이 지고 있는 막중한 책임만큼 주어지는 혜택이다.
 그러나 김 회장은 이런 특권을 개인적인 화를 푸는 데 사용했다. 잘못이었다. 한국판 '노블레스 오블리주'인 처면은 재벌 회장에게 모든 행동의 기준이다. 이런 점에서 보복 폭행 사건은 법으로 다스릴 문제가 아니었다. 재벌 회장은 가시적인 힘의 꼭대기에 자리를 잡고 있기 때문에 외부의 처벌은 큰 의미가 없다. 대신 스스로 자신에게 내리는 도덕적 심판만이 해결책이다.

3
조작, 표절 그리고 위조

환자맞춤형 줄기세포는 없었다

생명공학의 신기원

"한국 과학자들이 세계 최초로 사람의 난자와 체세포를 합쳐 인간 배아 줄기세포를 만들어냈다."

2004년 2월 12일 대한민국이 세계 과학계를 강타했다. 세계적인 과학전문지 미국 〈사이언스〉가 황우석 서울대 수의대 교수와 문신용 서울대 의대 교수팀이 사람의 체세포 핵을 난자에 삽입하는 방법으로 인간 배아 줄기세포를 사상 처음으로 만들어냈다고 발표한 것이다.

줄기세포는 장차 뼈·뇌·근육·피부 등 각종 기관으로 바뀔 수 있기 때문에 치료가 거의 불가능한 난치병 환자에게 투입하면 아무 거부 반응 없이 병이 낫지 않았던 원래 상태로 회복되는 것이 가능하다. 전 세계가 흥분했다. 기적이 일어났다고 했다. 21세기 생명공학의 신기원이었다.

연구팀은 "여성의 체세포 핵을 떼어낸 뒤 바로 그 사람의 난자에 주입하고 전기 자극을 가해서 하나로 융합시켰다. 이렇게 융합된 세포를 발육시켜 복제된 인간 배아 줄기세포를 얻었다. 조사 결과 체세포 제공자 DNA와 복제된 배아 줄기세포 DNA가 서로 일치해 면역 거부 반응 없이 병을 치료할 수 있을 것" 이라고 발표했다.

사람들은 박수를 쳤고, 황우석 교수를 찬양했다. 역경을 딛고 오로지 끊임없는 노력과 흔들리지 않는 의지로 우뚝 선 위대한 과학자라고 칭송했다. 주인공 황우석 교수는 특별 기고에서 "세계 과학계의 불가능을 뛰어넘었다"고 선언했다. 이런 불가능을 뛰어넘은 원동력은 애국심이라고 했다. 국민들은 감동했다. 그리고 이번 성공으로 후배들이 노벨상을 받는 토대가 마련되기를 희망했다. 난자를 제공한 여성들에게도 마음을 다해 감사했다.

불가능을 뛰어넘었다

'최초의 복제된 인간 배아 줄기세포 수립', 이것이 우리가 발표할 논문 제목이다. 작년 4월 미국의 저명한 연구팀은 원숭이 실험을 통해 인간을 포함한 영장류의 난자는 독특한 특성으로 인해 복제 후 4세포기 이상 발육이 불가능하다고 발표했다. 따라서 인간이나 원숭이는 개체 복제는 물론 치료용 배아 복제도 원천적으로 안 된다는 것이다. 이것이 과학계에서 인정된 정설이었다.
 그러나 우리는 그것을 뛰어넘었다. 수십 개의 인간 배반포를 복제해냈으며 그로부터 줄기세포를 수립해 냈다. 거기에서 신경세포도 분화시키는 데 성공했다. 우리와 공동 연구를 해온 시벨리 박사는 우리의 줄기세포를 직접 보고는 "당신은 기적을 이루었다"고 흥분했었다. 직접 찾아와 현장조사를 했던 과학자는 "여러분은 천재"라고도 했다
 우리가 기적을 일궜는지 천재인지 그것은 나도 모른다. 다만 각 분야마다 노하우를 지닌 여러 연구기관이 한마음 되어 세계 정상에 태극기를 세워 보자는 정신으로 임해 왔을 뿐이다. …(중략)…
 오늘 우리가 해놓은 이 조그만 토대 위에 단단한 성을 쌓아 노벨의학상을 수상하는 나의 자랑스러운 후배 과학자를 보고 싶다. 이번 결과가 그런 토대가 되어 준다면 그간 정신없이 살아온 나의 제1기 삶에 쉼표를 찍으련다.
 펜을 놓으려 하니 자발적 난자 공여자로서 단단한 자물쇠를 열게 해준 고귀한 정신들이 내 가슴에 뭉클한 진동을 울린다. 그대들은 대한민국 생명공학 기념비에 성스럽게 기록될 것이다.
 　_ 황우석 서울대 수의학과 교수, 〈조선일보〉 2004. 2. 13 독점기고

　이런 쾌거에 세계는 열광했다. 불가능을 뛰어넘어 수십 개의 인간 배반포(수정란이 세포 분열을 통해 여러 개의 세포로 이루어진 단계)를 복제해 내고, 그로부터 줄기세포를, 또 거기에서 신경세포까지 분화시키는 데 성공했으니 외국 과학자들도 모두 기적을 이루었다고 흥분할 수밖에 없었다. 특히 파킨슨병·뇌졸중·치매 등 신경계

질환 치료에 최고의 성과가 예상됐다. 많은 환자들이 구세주가 나타났다며 환호한 것도 무리가 아니었다.

찬란한 대성공 퍼레이드

황우석 교수의 줄기세포 성공으로 각국에서 스카우트 제의가 쇄도했다. 황 교수는 스카우트를 제의해 온 곳을 일일이 밝히기 어려울 정도지만, 모두 거절하고 있다고 말했다. 80만 평의 목장에다 5만 평이나 되는 연구실을 제공하겠다고 제의한 연구기관도 있었다.

4월에는 황우석 교수를 위한 후원회가 결성됐고, 과학기술부는 황우석 교수를 대한민국 최고 과학기술인으로 선정해 대통령 상장과 함께 3억 원의 상금을 수여했다. 연구팀 11명도 과학기술 포상을 받았다. 그해 말 〈사이언스〉지는 '올해의 획기적 10대 연구 성과'로 인간 배아 줄기세포 복제를 선정했다.

국민들도 황우석 연구팀의 쾌거를 대한민국의 자랑으로 여기며 가슴이 뛰었다. 이제 우리나라에서도 과학 부문 노벨상 수상자가 나오게 됐다고 기뻐했다. 무엇보다 생명공학에 대한 생각을 바꿔놓고 있었다. 인간 복제 기술이 재앙을 몰고 오는 것이 아니라 인류를 보호하고 살릴 수도 있다는 가능성을 깨닫기 시작한 것이다. 어디를 가든 황우석 교수는 화제였다.

해가 바뀌자마자 보건복지부는 생명윤리법이 제정된 이후 처음으로 황우석 교수팀의 인간 배아 줄기세포 연구를 승인했다.

2월에는 황우석 교수 기념우표가 나왔다. 인간 배아 줄기세포 복제를 기념하는 특별우표로 150만 장이 발행됐다.

4월에는 세계 최초의 복제 개 스너피 탄생에 성공해 다시 세계적인 주목을 받았다. 스너피는 아프간하운드 품종의 수컷으로 체세포를 복제해 만든 수정란을 대리모에 이식해 태어났다. 8월 초 스너피가 처음 세상에 공개됐을 때 세계 언론의 관심은 폭발적이었다. 전 세계에서 무려 2만 개가 넘는 언론사가 스너피 사진과 기사를 보도했다.

5월에 황우석 연구팀은 또 한 번 세계를 흔들었다. 이번에는 그냥 인간 배아 줄기세포 복제가 아니라 환자 맞춤형 줄기세포였다. 환자의 체세포로 복제한 배아 줄기세포는 난치병 치료가 코앞에 다가왔음을 알리는 것이었다. 황우석 교수는 영국 런던에서 기자회견을 갖고 '환자 맞춤형 줄기세포' 11개를 개발했다고 자랑스럽게 발표했다. 논문을 게재한 〈사이언스〉지도 흥분을 감추지 않았다.

6월 25일 황우석 교수는 우리나라 제1호 최고과학자로 선정됐다. 과학기술부는 연간 30억 원 안팎의 연구비를 최대 5년 동안 지원하고 후원회 결성 등 각종 지위를 보장하는 최고과학자 제도를 새로 도입하고, 황 교수를 첫 최고과학자로 결정했다. 또, 과학기술부는 수원에 1천여 평 규모의 연구실을 건립하고 황우석 교수의 연구개발을 지원하도록 했다.

9월에 황우석 교수는 서울대 첫 석좌교수로 임명되는 영광을 안

왔고, 국가 요인급 리스트에 올라 경찰과 정보기관의 신변보호를 받았다.

10월에 보건복지부는 서울대병원과 '세계 줄기세포 허브'를 만들고 황우석 교수를 소장으로 임명했다. 줄기세포 허브는 난치병 치료 1단계 작업으로 전 세계에서 몰려든 척수손상과 파킨슨병 환자 100명을 선발했다. 이들은 윤리위원회 심의를 거쳐 체세포 복제에 돌입할 예정이었다.

미국 캘리포니아 주에서는 30억 달러(약 3조 1천억 원)에 이르는 줄기세포 연구기금 안이 주민투표에서 통과돼 박자를 맞추고 있었다. 황우석 교수가 온 국민의 성원 아래 정신없이 보낸 2004년, 2005년은 생애 최고의 전성기였다. 가는 곳마다 지지자들이 운집했고, 직함은 셀 수 없을 정도였다. 넘쳐나는 연구비도 주체할 수 없었다. 눈이 어지러울 정도였다. 대한민국 국민은 행복했다. 인류를 구하는 사람 황우석 교수는 신화를 만들어 가는 국민의 영웅이었다.

영광은 잠시

모든 일이 전폭적인 지원과 관심 속에서 순조롭게 진행되고 있었지만, 이 모든 것은 거짓에 바탕을 두고 있었다. 당시에는 어느 누구도 몰랐다. 황 교수의 눈부신 성공만을 바라보고 있던 국민들은 최면에 빠져 있었다. 치명적인 검은 그림자의 첫 신호는 실험에 사용한 난자의 출처 문제였다. 조짐은 아주 나빴다.

공동 연구를 진행하던 미국 피츠버그 대학의 섀튼 교수가 실험실의 여자 연구원으로부터 난자를 제공받았다는 소문이 돌고 있다면서 황 교수와의 결별을 선언했다. 공개되지 않은 연구원의 난자를 사용했다면 논문 자체가 취소될 가능성도 있었다. 윤리적인 비난도 큰 문제였다.

언론에서 이 의혹을 처음 터뜨렸다. 11월 22일 문화방송의 〈PD수첩〉은 황우석 교수가 연구에 사용한 난자는 '매매된 난자'라고 주장했다. 방송이 나가자 프로그램 제작진에 대한 비난이 폭포처럼 쏟아졌다. 진실이 무엇인지는 중요하지 않았다. 방송사에는 비난 전화가 빗발쳤고 황 교수 지지자들은 방송사 정문 앞에서 촛불 시위를 벌였다.

〈PD수첩〉은 국익을 외면하는 악덕 프로그램이었다. 시청 거부와 함께 광고 중단을 촉구하면서 제작진을 성토했다. 광고주들은 부담을 느낄 수밖에 없었다. 〈PD수첩〉 광고가 대부분 끊기고 시청자들의 비난은 연일 계속됐다. 그러나 황 교수팀이 연구원의 난자를 사용한 것은 사실이었다.

방송 이틀 뒤 황 교수는 여성 연구원 두 사람의 난자 사용을 시인했다. 1년 전 이 사실을 확인했지만 연구원이 비밀로 해달라고 부탁해 그동안 숨겨 왔다고 고백했다. 황 교수는 모든 공직에서 사퇴하겠다고 밝혔지만, 황 교수의 성공에 취해 있던 국민들은 도저히 믿을 수가 없었다. 황 교수를 철석같이 믿었기에 충격은 컸다. 이미 연구원 난자 사용을 알고 있으면서도 그렇게 철저하게 부인하다니……. 먼저 배신감이 들었고 황 교수에 대한 믿음에 금이 가기 시작했다.

줄줄이 이어지는 의혹

이런 상황에서 조작의 서막을 알리는 의혹이 나왔다. 논문의 사진이 조작됐다는 것이었다. 젊은 과학자들의 정보 교류 사이트에 올라온 이 의혹은 2005년 〈사이언스〉 논문에 실린 44장의 줄기세포 사진 가운데 다섯 쌍이 동일한 사진으로 보이며, DNA 분석 결과도 실제 실험에서는 불가능할 정도로 정확히 일치해 인위적인 조작이 있었을 것이라는 내용이었다. 연구원의 난자 사용을 시인한 직후라 사진 조작은 논문의 신뢰성에 결정적인 타격을 입혔다. 고약하게도 황우석 줄기세포에 더 큰 문제가 있다는 소문이 돌고 있었다.

어떤 문제가 불거질까 걱정하고 있는 참에 줄기세포가 아예 없다는 믿지 못할 폭로가 터져 나왔다. 폭로의 주인공이 줄기세포 논문 제2저자인 미즈메디병원 노성일 이사장이어서 충격은 더 컸다. "줄기세포가 전혀 없다"는 말을 황 교수에게 들었다고 했다. 황 교수팀이 만들었다는 11개의 줄기세포 가운데 9개는 가짜이며 나머지 2개도 복제된 줄기세포인지 의문이라고 주장했다. 날벼락이었다.

그러나 "줄기세포가 없다"고 했다는 황 교수는 〈사이언스〉에 논문을 제출할 당시 복제된 11개의 줄기세포를 연구원 6명이 마지막 순간까지 확인했다고 반박했다. 그러고는 환자 맞춤형 복제 줄기세포가 배양 단계에서 미즈메디병원의 수정란 줄기세포로 바뀐 사실을 최근에야 알았다고 밝혔다. 줄기세포 바꿔치기 주장이었지만, 현재 환자 맞춤형 줄기세포는 없다는 말이었다.

황 교수는 〈사이언스〉지에 논문을 제출하기 바로 전인 2005년 1월 9일까지 6개의 줄기세포를 보유하고 있었는데, 실험장 인근 개 사육장에서 날아온 곰팡이에 감염돼 줄기세포가 모두 죽고 말았다고 했다. 그러나 다행히 만일을 위해 2개를 미즈메디병원에 보관하고 있었는데, 이 2개를 서울대로 가져와 다시 6개의 줄기세포를 더 만들어내 모두 8개의 줄기세포로 2005년 〈사이언스〉에 논문을 제출했다고 설명했다.

그렇다면 이 8개의 줄기세포를 논문에서는 11개로 만들었다는 말인데, 황 교수 스스로 조작을 시인하고 있는 것이어서 국민들은 혼란스러웠다. 황 교수는 사진 조작을 돌이킬 수 없는 인위적 실수라고 인정했지만, 줄기세포를 키우고 사진을 찍은 미즈메디병원 출신 김선종 연구원이 개입했을지도 모른다는 의혹을 강하게 풍기면서 사법 당국에 수사를 요청했다.

그러나 노성일 이사장은 김선종 연구원이 황 교수의 지시를 받고 사진을 조작했는데도 조작 책임을 김 연구원에게 떠넘겨 희생양으로 만들고 있다고 비난하고, 논문 조작은 언급도 하지 않은 채 검찰 수사를 촉구한 황 교수에게 실망했다고 말했다. 그리고 불과 두 달 만에 환자 맞춤형 줄기세포를 6개나 만들어 냈다는 것은 이해가 가지 않는다고 반박했다.

두 사람의 불꽃 튀는 반박 회견이 이어지면서 국민들은 허탈하고 혼란스러웠다. 누구 말이 옳은지, 무엇이 진실인지 알 수가 없었다. 서로 손을 잡고 공동으로 연구하던 사람들이, 세기적인 논문의 제1, 제2 저자였던 학자들이 무엇 때문에 이렇게 원수로 변했는지 그 이유가 궁금했다. 나중에 밝혀졌지만 모든 업적이 거짓과 조작에 바탕을 두고 있었기 때문이었다.

새 천년을 맞으면서 발표한 백두산 호랑이 복제는 아무런 성과가 없었고, 복제 소 영롱이와 복제 개 스너피도 의혹을 받고 있었다. 세계 언론들도 두 사람의 공방을 거의 실시간으로 보도하면서 한국 과학계의 치부를 알렸다.

결국 서울대가 나섰다. 조사위원회를 설치하고 논문 조작을 본격적으로 캐들어갔다. 양쪽 회견에서 핵심 인물로 거론된 김선종 연구원이 입을 열었다. 미즈메디병원 소속으로 황 교수의 줄기세포를 배양하면서 사진을 촬영한 김 연구원은 〈PD수첩〉 취재진에게 중대 증언을 한 것으로 알려졌다.

김 연구원은 황 교수가 오염으로 2개밖에 남지 않은 줄기세포를 가지고 사진을 여러 장 만들라고 직접 지시해 2개를 11개로 만들었다고 밝혔다. 곰팡이 감염으로 줄기세포 6개를 새로 만들었다는 황우석 교수의 말은 거짓이라는 말이었다. 줄기세포를 바꿔치기한 사람으로 자신을 의심하고 있는 것에 대해 자신에게는 서울대 연구실을 자유롭게 드나들 수 있는 ID 카드가 없었고, 줄기세포를 바꿔쳐서 돌아오는 게 아무것도 없는데 그런 엄청난 일을 왜 저지르겠느냐고 억울한 심정을 토로했다.

그러나 거짓말이었다. 바꿔치기는 아니었지만, 그보다 더한 '섞어심기'를 했던 것으로 나중에 드러났다. '섞어심기'는 수정란의 줄기세포를 섞어 넣어 복제 줄기세포로 둔갑시키는 수법이었다. 그런데도 일말의 흔들림도 없이 바꿔치기를 하지 않았다고 억울함을 호소하는 모습에서 부끄러움을 찾아볼 수가 없었다.

황 교수는 냉동 보관하고 있는 5개의 줄기세포를 녹여서 배양하고 있다고 밝히고 배양이 끝나면 바로 줄기세포 존재가 확인될 것이라고 말했다. 줄기세포의 실체를 밝혀 줄 유일한 물증이었다.

그러나 그 이후 황 교수는 냉동 보관된 줄기세포에 대해 공개적으로 언급하지 않았다. 아예 줄기세포가 없었던 것이다. 논문의 핵심인 복제 줄기세포가 실제로 있는지조차 모르고 있었던 것이다. 어떻게 이런 일이 일어날 수 있는지 아연할 따름이었다.

사용한 난자의 수도 거짓이었다. 2004년 논문에 사용된 난자는 242개, 2005년 논문에는 185개를 사용했다고 발표했지만, 노성일 이사장은 미즈메디병원에서만 900개 이상의 난자를 황 교수팀에게 제공했다고 밝혔다. 2005년 논문은 난자 17개당 줄기세포 하나 꼴로 그 성공률에 전 세계 과학계가 경탄했는데, 한나병원이 제공한 난자까지 1천 개가 넘는 난자가 사용됐다면 줄기세포의 실용화 가능성은 희박할 수밖에 없었다.

줄기세포가 실제로 존재하는지에 대한 압박으로 코너에 몰린 황 교수는 반박 회견에서 2004년 첫 번째 논문의 줄기세포 존재는 확신하고 있었지만, 2005년 두 번째 논문의 줄기세포에 대해서는 발을 빼고 있었다. 환자 맞춤형 줄기세포라는 최고의 성과가 사실은 존재하지 않는다는 말이나 다름없었다.

"저희가 이미 2004년 논문이 있기에 2005년 논문, 11개가 아니고 1개면 어떻겠습니까. 3개면 어떻겠습니까. 그리고 1년 뒤에 논문이 나오면 또 어떻겠습니까."

그러나 이미 미국 〈사이언스〉지가 2004년 논문에 수록된 사진의 진위 여부에 대한 조사에 나서고, 영국의 〈네이처〉지가 스너피에 대한 검증에 착수한 가운데 서울대 조사위원회가 중간조사 결과를 발표했다.

조사위원회는 2005년 논문은 단순한 실수가 아니라 2개의 세포주에서 얻어진 결과를 11개로 불린 고의적인 조작이라고 결론을 내렸다. 사용한 난자 숫자부터 조작했고, 가상 데이터로 논문을 먼저 제출하고 뒤늦게 줄기세포를 만들었다고 밝혔다. 면역 염색과 현미경 사진, DNA 지문 분석 그리고 조직 적합성 분석 등은 2개의 세포주를 사용해 만들어낸 조작 데이터였다.

황 교수는 국민들께 진심으로 사죄드린다고 했지만, 그래도 여전히 환자 맞춤형 배아 줄기세포는 우리 대한민국 기술임을 다시 한 번 강조하면서 원천기술 보유 주장을 굽히지 않았다. 서울대 조사위원회의 발표가 나오자 인터넷 카페인 '아이러브 황우석'은 난자 기증 접수를 중단하고 난자기증재단에 위임한다고 밝혔고, 국회는 황우석 연구기금 증액분 40억 원과 최고과학자 연구지원금 30억 원 등 70억 원의 예산을 삭감했다.

복제 줄기세포 만든 적 없었다

해가 바뀌면서 서울대 조사위원회는 황우석 연구팀이 복제 줄기세포를 만든 적이 없다는 충격적인 최종 조사 결과를 발표했다. 2005년 논문의 환자 맞춤형 줄기세포가 존재했다는 어떤 과학적 근거도 찾지 못했고, 2004년 첫 번째 논문도 줄기세포 하나 없이 조작으로 논문을 작성했다고 밝혔다. 복제 줄기세포를 만들 수 있는 원천기술은 없다는 결론이었다.

조사위원회는 2004년 논문은 우연히 만들어진 세포 덩어리를 복제 줄기세포로 둔갑시켜 데이터를 조작해서 썼다고 직설적으로 비판했다. 황 교수의 줄기세포 바꿔치기 의혹 제기도 일축했다. 줄기세포가 있었다는 것을 증명도 못했고, 한때 있었다는 증거도 찾지 못했기 때문이었다. 바꿔치기할 줄기세포가 과연 있기는 했느냐는 것이었다.

황 교수팀은 줄기세포 연구를 위해 2061개의 난자를 제공받았지만, 단 한 개의 줄기세포도 수립하지 못한 것으로 조사됐다. 특히 여성 연구원들에게 난자 기증 동의서를 돌려 서명을 받은 뒤 난자를 제공받은 것으로 드러났다.

배반포 기술도 부정적이었다. 대부분 크기가 작고 주변 세포와 엉겨 상태가 좋지 않아서 줄기세포로 자라기 어려운 것으로 나타났다. 연구 수행 방법도 문제였다. 줄기세포라고 입증할 수 있는 실험 기록이 없었다. 반드시 거쳐야 하는 입증 실험을 왜 하지 않았는지, 했다면 왜 기록이 없는지 오리무중이었다.

그러나 동물 복제 기술은 국제적 경쟁력을 갖춘 것으로 조사위는 평가하고 복제 개 스너피는 세 곳의 검사기관에서 검증한 결과 모두 진짜로 밝혀졌다고 발표했다.

황우석 교수는 반박했다. 데이터를 과장한 책임은 지겠지만, 그 이유는 미즈메디병원 연구원들이 줄기세포 DNA가 난자와 체세포를 제공한 여성과 일치한다고 보고해 자신을 속였기 때문이라고 주장했다. 하지만 연구를 총괄적으로 맡고 있는 책임자가 기본적인 DNA 확인을 한 번도 하지 않고 보고만 믿었다는 것은 현실적으로 받아들이기 어려운 해명이었다.

황 교수는 또, 우리 연구원들은 외국에 나가면 최고 대우를 받을 정도로 기술력이 뛰어나 난자만 공급되면 6개월 정도에 맞춤형 복제 배아 줄기세포를 만들 수 있다고 자신했다. 줄기세포 배양 기술을 갖췄기 때문에 우리 팀만으로도 할 수 있다는 것이었다.
 그러나 전문가들은 황 교수 자신도 줄기세포를 한 번도 배양해 본 적이 없다고 해놓고 6개월이면 줄기세포를 만들 수 있다고 주장하는 것은 말이 안 된다고 비판했다.

추락하는 신화

3월 새 학기 들어 서울대 징계위원회는 황우석 수의대 교수를 파면하기로 최종 결정했다. 이에 따라 과학기술부도 황 교수에게 주었던 '제1호 최고과학자' 지위를 공식 철회했다. 서울대 조사위원회의 최종 조사 결과가 발표되면서 본격 수사에 돌입했던 검찰은 넉 달 동안 950여 명을 소환하고 일곱 차례나 압수수색을 벌인 끝에 황우석 전 교수를 사기와 횡령, 생명윤리법 위반 등의 혐의로 기소했다. 검찰은 다섯 달 동안 진행해 온 수사를 종결하고 그 결과를 발표했다.

 "바꿔치기를 공개적으로 부인했던 김선종 연구원은 2004년 말 줄기세포가 만들어지지 않자 미즈메디병원에 있던 수정란 줄기세포를 몰래 가져와서 서울대 연구팀이 만든 세포 덩어리에 섞어 심었다. 서울대 연구팀은 맞춤형 줄기세포가 세계에서 처음으로 자라는 줄 알고 축제 분위기였고 김선종 연구원을 '신의 손'이라고 불렀다. 황 교수도 진짜인 줄 알고 맞춤형 줄기세포가 11개는 있어야 한다며 데이터 조작을 지시했다. 심한 스트레스로 '섞어심기'를 시도한 김 연구원은 처음 시도에 모두들 속아넘어가자 서울대에서 만들어진 배반포마다 미즈메디병원의 줄기세포를 섞어 심었다. 김 연구원은 섞어심기가 탄로나지 않도록 관련 자료를 폐기하는 조치도 했다. 황 교수는 줄기세포 형성 과정을 독자적으로 판단하지 못해 섞어심기를 눈치채지 못했다."

검찰은 2004년과 2005년 〈사이언스〉 논문은 황우석 전 교수의 주도적인 조작과 미즈메디병원 김선종 연구원의 '섞어심기'로 만든 자작극으로 결론을 내렸다. 환자 맞춤형 체세포 줄기세포는 애초부터 없었고, 있었다는 줄기세포도 김선종 연구원이 서울대 연구팀의 세포 덩어리에 미즈메디병원의 수정란 줄기세포를 섞어 넣어 복제 줄기세포로 둔갑시킨 것으로 확인했다.

줄기세포 원천기술은 없었다. 동일한 조건으로 다시 실험했을 때 동일한 결과가 나와야 하는데도 황 교수팀의 연구는 이 반복성이 없었다. 2004년 논문의 첫 번째 줄기세포도 수많은 난자를 사용하면서 우연히 만들어졌고, 이후 단 한 개의 맞춤형 줄기세포도 만들어내지 못했다고 검찰은 밝혔다.

황 교수와 함께 불구속 기소된 김선종 연구원에게는 업무방해와 증거인멸교사 혐의가, 이병천·강성근·윤현수 교수에게는 사기 혐의가 각각 적용됐다.

거짓은 거짓을 만들어 낸다

서울대 조사위원회와 검찰의 검증을 종합해 보면 줄기세포 조작 사태는 우연히 만들어진 세포 덩어리를 복제 줄기세포로 둔갑시키면서 시작됐다. 2004년 첫 번째 논문의 줄기세포는 수많은 난자로 실험을 계속하던 중 처녀생식(정자에 의한 수정 없이 배아가 성장·발달하는 것)으로 알려져 있는 방식을 통해 저절로 만들어진 세포주로 추정된다. 이 세포주를 체세포 복제 줄기세포로 바꾼 경위는 알 수가 없다. 그러나 만약 이것이 줄기세포라면 인류 역사상 처음 보는 엄청난 성과였다.

전 세계의 주목을 받으면서도 왜 연구팀 내에서 단 한 번도 둔갑된 줄기세포에 의문을 갖지 않았는지 알 수 없다. 전문적 분야라서 일반 사람들은 이해하기가 힘들지만 가짜를 진짜로 조작했는데, 심지어 황우석 박사 자신도 복제 줄기세포로 믿고 있었던 이유가 무엇이었을까. 이상한 일이었다.

그 다음은 거짓이 거짓을 만들어내는 단계로 보인다. 성공에 취한 연구팀은 더 큰 성과를 만들어내기 위해 심리적으로 쫓기고 있었다. 줄기세포 관리와 사진 촬영을 담당했던 김선종 연구원은 수정란 줄기세포를 가져다가 서울대의 세포 덩어리에 섞어 심었다. 연구원 모두 속아 넘어갔고 황우석 교수도 속았다. 그렇게 해서 탄생한 환자 맞춤형 복제 줄기세포. 꿈같은 성공이었지만 사기였다.

황 교수는 여기서 한 발 더 나갔다. 논문의 신뢰도를 더 높이기 위해 당시 있던 2개의 줄기세포를 11개로 불리라고 지시했다. 첫 번째 거짓은 우연이 만들어냈지만, 두 번째는 욕심에다 성공에 대한 압박감까지 가세해 그 규모와 수법이 훨씬 고약해지게 마련이다. 증거를 없애고, 거짓을 위한 거짓말을 하고, 거짓에 대한 부끄러움보다 거짓이 탄로나면 안 된다는 공포가 훨씬 더 커진다.

문제가 조금이라도 더 커지기 전에 막을 수 있었을 것이다. 그러나 사기와 조작, 거짓은 자체 동력으로 움직인다. 그것이 사람을 구속하는 것이다. 이런 구속에서 벗어날 수 있는 첫 조치가 부끄러움이다. 부끄러움을 아는 것만이 거짓과 위선의 덫에서 벗어날 수 있게 한다. 더욱 중요한 것은 거짓이 발각된 이후에도 부끄러움은 여전히 필요하다는 점이다. 후속 조치를 사람답게 해야 하기 때문이다.

이후 논문 조작 사건은 열 차례 이상 공판이 열리면서 계속되고 있고, 황우석 전 교수는 여전히 논문 조작 혐의를 부인하고 있다. 재판이 끝나야 진실이 무엇인지 알 수 있겠지만, 앞으로 상당한 시간이 걸릴 것으로 예상된다.

정부는 황우석 사태로 중단됐던 체세포 복제 배아 연구를 1년 만에 제한적으로 허용하기로 결정했고, 황 전 교수는 영장류인 원숭이 등을 쉽게 구할 수 있는 태국에서 인간 체세포 복제 연구를 계속하고 있다.

표절·중복게재·재탕 의혹

교육부총리 자격 논란

노무현 대통령은 임기 후반 국정 방향을 정하기 위해 2006년 7월 부분 개각을 단행했다. 정책 라인의 핵심인 경제와 교육 부총리를 전·현직 청와대 정책실장으로 바꿔 대통령 친정 체제를 강화하고, 임기 말 레임덕을 차단하겠다는 의도에서였다.

그러나 내정 단계에서부터 반발이 거셌다. 특히 교육부총리에 대한 반대가 심했다. 국민들이 실패한 것으로 심판한 부동산 정책의 주역인 김병준 전 실장을 교육부총리에 앉히는 것은 있을 수 없는 일이라고 반대했다.

"세금 폭탄이라고 하는데 아직 멀었다"는 말로 비난의 표적이 됐던 김 전 실장은 3월 총리 인선 때도 거의 낙점 단계까지 갔다가 부동산 정책 때문에 낙마한 전력이 있었다. 한나라당도 코드 인사로 규정하고 전문성도 갖추지 못한 사람을 교육부총리에 앉히는 것은 잘못된 인사라고 비판했다.

참여정부의 개혁 정책을 상징한다고 할 정도로 행정도시, 부동산 정책, 전자정부 등 대부분의 주요 정책에 입안 단계부터 집행, 점검에 이르기까지를 주도해 왔던 사람이 김병준 내정자였다. 강한 추진력이 가장 큰 장점이었지만, 그만큼 문제가 생길 소지도 많았고, 그 때문에 여론의 역풍을 맞기도 했다.

그러나 대통령은 참여정부의 철학과 자신의 교육개혁 의지를 대변하고 있는 김병준 카드를 포기할 생각이 없었다. 정책 추진에서 결단력과 함께 소신 있는 자세로 대통령의 전폭적인 신임을 받아 왔기 때문이었다.

그러나 문제가 적지 않았다. 큰딸이 외고에 편입학한 것과 둘째 딸이 일반고에서 사흘 만에 외고로 전학한 것, 그리고 큰딸의 비동일계 대학 진학 문제로 구설수에 올랐고, 방위병으로 근무한 병역 문제도 시빗거리였다. 병적기록부에 학력이 중졸로 기록돼 있었던 것이다.

당장 국회 청문회에서 의원들은 이 문제를 걸고 넘어졌다. 김병준 후보자는 아이들이 외국에서 귀국한 뒤 적응하는 데 문제가 있어 비슷한 환경의 아이들이 공부하는 외고로 전학시켰다고 해명했다. 병역 문제는 다섯 살 때 사고로 오른쪽 손가락 2개를 잃었고 무륜도 수술해 방위병으로 근무했는데 본 적도 없는 병적기록부에 학력이 왜 중졸로 적혀 있는지 모르겠다고 답변했다.

의혹이 꼬리를 물고 이어졌지만 대통령은 완강했다. 김병준 전 실장은 교육부총리에 임명됐고 7월 21일 공식 취임했다.

논문 표절 의혹 부인

취임 이틀 뒤 강원도 평창 수해 지역 피해 학교를 방문해 격려금과 위문품을 전달하는 공식 업무를 시작했으나, 바로 다음날 언론에서 논문 표절 의혹이 제기됐다. 김 부총리가 국민대 교수 재직 시절 제자의 논문을 표절했다는 내용이었다. 당시 김병준 교수는 상명여대 신 모 교수의 논문 작성을 지도했는데 제목은 「도시개발에 대한 지역주민의 정책 행태―세입자를 중심으로」였다. 이 논문은 1988년 2월 심사를 통과했다

그런데 이보다 석 달 전 김 교수는 「도시 재개발에 대한 시민의 반응―세입자를 중심으로」라는 제목의 유사한 논문을 한국행정학회 학술대회에 게재했다. 논문 머리말에서 설문 데이터는 신 교수가 수집한 것으로 사용을 흔쾌히 허락해 준 신 교수에게 감사드린다고 적어 출처를 밝혔다.

그러나 언론은 "김병준 교수가 심사를 맡았던 제자의 논문을 베꼈다"고 보도했고, 김 부총리는 "나중에 나온 논문을 어떻게 베끼느냐"고 반박했다. 뿐만 아니라 분석 방법과 내용, 기술 방법 또한

크게 다르다면서 표절 의혹을 전면 부인했다.

이런 가운데서도 김 부총리는 의욕적으로 부총리 업무를 수행했지만, 또다시 논문 중복 게재 의혹이 제기됐다.

1999년 김 부총리는 국민대 교수 재직 시절 동료 교수 2명과 팀을 구성해 교육부의 BK21(두뇌한국 21) 사업에 선정되고 2억 7백만 원을 받았다. 연구팀은 사업 실적으로 국내외 학술지에 46편의 논문을 실었는데, 이 가운데 김 부총리가 작성한 두 편의 논문이 같은 것으로 확인된 것이다.

김 부총리는 앞서 논문 표절 시비 때와는 달리 즉각 사과했다. 최종 보고서 작성 과정에서 실수가 있었던 것 같은데, 그렇더라도 연구자가 최종 확인하지 않은 것은 두말할 것 없이 잘못이라고 용서를 빌었다.

그러나 다음날 또 다른 의혹이 공개됐다. 이번에는 논문 재탕 문제였다. 김병준 국민대 교수는 BK21 사업 지원금을 받기 이전인 1998년 8월 〈한국지방정치학회보〉에 실은 논문을 1999년 12월 〈국민대 사회과학 연구〉에 제목만 바꾸어 다시 게재했는데, 이 논문이 BK21 사업 실적으로 보고된 것이다. 같은 내용의 논문이 다른 용도로 이용된 것이다.

논문 재탕 사례까지 불거지자 여론은 김 부총리의 도덕성에 의문을 가지기 시작했다. 교육부는 실무자가 동일한 논문인 줄 모르고 실수로 BK21 사업 실적으로 보고한 것으로 보인다고 해명했다.

김 부총리도 실무자 실수로 이해해 달라고 했다.

그러나 교수와 시민단체, 전교조, 경실련까지 나서 자진 사퇴를 요구했다. 여당 내에서도 '사퇴 불가피론'이 확산되고 있었다. 그러나 김 부총리는 거취 문제에 대해 앞으로 열심히 하겠다고만 말했다.

상황이 계속 악화되자 김 부총리는 정면 승부를 선택했다. 김 부총리는 제기되고 있는 각종 논문 의혹과 관련해 국회 청문회를 열어 줄 것을 요청했다. 공개 토론의 장이 마련되면 직접 입장을 밝히겠다고 언급하면서 사퇴 압력을 정면 돌파하겠다는 각오를 보였다.

꼬리 물고 이어지는 의혹

그러나 또 '학위 거래' 의혹이 나왔다. 제자인 현직 구청장으로부터 1억 원대의 연구 용역을 수주하고, 구청장의 박사학위 논문 통과를 도와주었다는 내용이었다. 김 부총리는 말도 안 된다며 펄쩍 뛰었다.

교육부는 2001년 성북구청으로부터 연구 용역을 받고 보고서를 제출했지만, 김 부총리는 당시 국민대 지방행정자치연구소장이어서 보고서에 이름만 올렸을 뿐 보고서 작성에는 전혀 관여하지 않았고, 구청장이 원용했다는 보고서는 서로 내용과 연구 방법이 달라 논문 통과에 편의를 제공했다는 것은 사실이 아니라고 해명했다.

하지만 의혹은 계속됐다. 이번에는 제자 논문에 무임승차했다는 내용이었다. 김병준 국민대 교수가 BK21 사업 이전에 제자가 발표한 박사학위 논문을 요약해 자신을 공동저자로 올려 학술지에 발표하고, 이 논문을 BK21 사업 실적으로 올려 제자 논문에 무임승차했다는 의혹이었다. 제자 논문 표절, 논문 중복 게재, 논문 재탕, 학위 거래에 이어 다섯 번째였다.

국민들은 연일 이어지는 새로운 의혹에 진위 여부는 접어 두고 어떻게 이처럼 많은 경우에 연루돼 있는지 의아해했다. 김 부총리는 중복 게재 경우만 잘못을 인정하고 사과했을 뿐이었다. 만약 이런 의혹들이 그동안 계속돼 온 우리 대학의 관행이라면 더 큰 문제였다.

"나는 정당하다"

8월 1일 김 부총리는 마침내 의혹을 해명할 수 있는 기회를 잡았다. 국회에서 열린 교육위원회 전체 회의에서 김 부총리는 의원들과 설전을 벌이면서 자신에 대한 의혹을 해명했다. 그는 한 발도 물러서지 않았다. 김 부총리의 공격적인 답변 태도가 TV를 통해 중계되면서 비난 전화가 잇따랐다.

향후 거취에 대해서는 "자리에 연연하지 않는다"고 언급한 뒤 논문 표절이나 재탕은 없었고, 제자와 부도덕한 거래도 하지 않았다고 강도 높게 반박했다. 제자의 논문에 무임승차했다고 의혹을 제기한 것에 대해서도 논문 작성에 가이드라인을 정해 주는 등 적극적으로 지도했기 대문에 공동 저자로 게재되는 데 아무런 문제가 없다고 말했다.

연구 용역과 성북구청장 박사 논문 거래 의혹은 "국민대 연구소가 입찰을 통해 용역을 수주한 것으로 내 경우에 있어서는 정당하다"고 밝히고, 만약 박사학위를 팔았다면 얼마에 팔았는지 계산해서 밝혀 달라고 감정적으로 되받아쳤다. 언론에 대해서도 터무니없는 보도, 명백한 오보, 악의적 왜곡 등의 거친 말을 분풀이하듯 쏟아 냈다. 거취 표명 요구에 대해서는 "내 진퇴를 요구하는 자리가 아니다"고 답변을 피했고, 사퇴를 묻는 기자들의 질문에는 "사퇴는 무슨 사퇴"라고 했다.

이날 국회 교육위원회 회의는 김 부총리의 한풀이 자리로 해명의 기회만 줬다는 비판이 잇따랐다. 특히 김 부총리는 회의가 끝난 뒤 "의혹이 대부분 해소됐다"며 매우 밝은 표정이었지만, TV를 지켜본 국민들의 반응은 냉담했다. 이유는 공격적인 답변 방식 때문이었다. 의혹이 제기됐다는 사실 하나만으로도 체면이 손상됐다고 느끼고 부끄러움을 보일 것이라고 기대했는데, 전투적인 자세로 의원들과 다투는 모습이 실망감을 주었던 것이다.

민교협과 전교조, 참여연대 등 김 부총리에 우호적인 시민단체들도 일제히 "물러나라"며 김 부총리를 압박했다. 여당 의원들도 자진사퇴 쪽으로 기울었다. 작심하고 공격적으로 대응한 것이 상황을 더 악화시킨 것이다.

다음날 김 부총리는 취임 13일 만에 결국 사퇴를 표명했다. 국회 교육위원회를 통해 의혹이 충분히 해소됐다며 더 이상 대통령의 국정 운영에 부담을 주고 싶지 않다고 사퇴 이유를 밝혔다. 김 부총리는 사의를 표명한 지 닷새 만에 이임식을 갖고 교육부를 떠났다. 김 부총리는 이임사에서 케네디 전 미국 대통령의 죽음과 함께 사라져 버린 변화와 개혁의 꿈처럼 박제가 되어 버린 자신의 꿈과 계획을 기억하고, 아쉬움을 풀어 줬으면 하는 마음이 간절하다고 밝혔다. 또 이번 일을 겪으면서 작은 티끌 하나도 큰 과녁이 될 수 있음을 절감했다고 말했다.

이번 사태가 과연 작은 티끌인가 하는 비판이 또 쏟아졌지만, 두 달 보름 뒤 청와대는 김병준 전 교육부총리를 대통령 자문 정책기획원장에 임명했다.

학계의 잘못된 관행

기대는 컸지만

이필상 고려대 교수가 2006년 11월 16대 고려대 총장으로 선임됐다. 이필상 신임 총장은 서울대 공대를 졸업하고 전공을 바꿔 미국 컬럼비아 대학에서 경영학 석사와 박사 학위를 받았다. 1982년부터 고려대 경영학과 교수로 재직하면서 경실련 경제정의연구소 소장과 함께하는 시민행동 공동대표를 맡아 행동하는 지식인으로 명성을 얻고 있었다.

이 총장은 직전 15대 총장 선거에서도 1순위 총장 후보로 선출됐지만, 재단의 총장 연임 결정으로 총장에 오르지 못했다. 당시 교수협의회는 재단의 조치에 맞서 이필상 교수를 총장으로 추대해 한 대학 두 총장이라는 파행이 벌어지기도 했다.

이 총장은 특히 경영대학장 시절 LG와 포스코 등으로부터 학교 발전기금으로 500억 원을 끌어오는 역량을 발휘해 경영대학을 비약적으로 발전시켰다. 이 때문에 CEO 총장으로 큰 기대를 모으고 있었다. 이 총장 자신도 대학 총장은 학자와 경영자 측면을 조화시켜야 한다고 강조하면서 임기 내 3천억 원을 모금하겠다고 의욕을 불태웠다.

그러나 마음먹은 것처럼 되지 않았다. 생각지도 않았던 암초에 걸려 이 총장은 혼란 속으로 빠져들었다. 12월 21일 총장에 공식 취임해 직무를 수행한 지 닷새 만에 제자들의 논문 3편을 표절했다는 의혹을 언론이 제기한 것이다.

이 총장이 1988년 교내 학술지 〈경영 논총〉에 게재했던 논문 2편이 바로 1년 전 제자들이 쓴 석사학위 논문과 거의 같은 내용으로 표나 문장뿐 아니라 심지어 오류 부분이 같은 것도 있다고 보도됐다.

또 2005년 8월에는 〈대한경영학회지〉에 이 총장이 제1저자로, 제자 신모 씨와 진모 씨가 공동 저자로 된 논문을 실었는데 이 논문도 두 달 전 신씨가 제출한 박사학위 논문과 제목·내용이 같다는 의혹 제기였다.

놀란 이 총장은 즉시 기자회견을 열고 석사학위 논문은 자신이 주제와 기초 자료를 학생들에게 주고 학위 논문으로 만들라고 한 것으로 아이디어는 자신이 직접 구상했다고 해명했다. 석사학위 논문을 쓴 제자들도 교수님이 아이디어를 제공하고 이후 토론하면서 가필·수정도 해주시는 등 논문 작성에 실질적으로 기여했기 때문에 절대 표절이 아니라고 변호했다.

박사학위 논문에 대해서는 신 박사가 자신을 제1저자로 넣은 것 같다고 밝혔고, 제자 신 박사 역시 학위 논문은 학술지에 먼저 발표되면 통과에 유리하기 때문에 이필상 교수의 허락을 받고 교수 이름을 제1저자로 올렸다고 해명했다. 신 박사는 또 문제의 논문은 2월에 이미 경영학회지에 제출됐고, 5월에 게재가 결정됐기 때문에 이후인 6월에 제출된 박사학위 논문을 표절한다는 것은 시간 관계로 따져 봐도 말이 안 된다고 이 총장을 변호했다.

표절인가 아닌가

학계에서는 '문제삼기 어렵다'는 반응과 '부적직한 행위'라는 반응이 엇갈렸다. 학위 논문 작성이 통상 교수와 학생의 공동 작업으로 이뤄지는 상황에서 학회지에 논문을 실은 것을 놓고 표절이라고 판단하기는 어렵다고 이 총장의 입장을 옹호하는 의견이 많았지만, 학생 이름으로 나간 논문을 자기 논문 내용처럼 옮겨 쓰는 것은 일종의 '논문 세탁'으로 명백한 표절이라고 강도 높게 비판하는 학자들도 있었다.

표절 논란이 하루 이틀 계속되면서 학생들의 학위 논문과 거의 같은 내용의 논문이 언론에 의해 8편 이상 추가로 발견되면서 이 총장은 점점 더 궁지에 몰렸다. 사태가 악화되자 고려대 교수의회는 총장의 논문 표절 의혹 진상조사위원회를 구성해서 이 총장이 발표했던 논문과 지도 학생들의 학위 논문을 비교 분석해 빠른 시일 내에 표절 의혹에 대한 성명서를 발표하기로 결정했다. 연말 연초를 지나면서 이 총장의 표절 의혹은 그 파급력을 키워 갔다.

상황이 복잡하게 꼬여 가면서 고려대 교수들 사이에서도 표절인지 아닌지를 놓고 논란이 거듭됐다. "표절로 보기는 지나치다"는 의견이 다수였지만, 제대로 된 논문의 저작권을 확립하는 계기로 삼아야 한다는 교수들도 많았다.

표절로 보기 힘들다는 입장에서는 자연계와 달리 인문계 논문에서는 제1저자의 의미가 거의 없기 때문에 2005년 논문을 표절로 보기는 힘들고, 공동 연구한 논문이 별도의 논문으로 발표되는 1988년 당시의 관행을 20년이나 지난 현재의 잣대로 판단하는 것은 잘못이라고 주장했다. 또, 교수가 대학원생과 공동 연구를 하다 보면 비슷한 논문이 나올 수 있다며 표절에 대한 국내 규정이 명확하지 않은 것이 근본 문제라고 비판했다.

반대 입장에서는 표절이 사실이라면 그것이 관행이든 아니든, 언제 일이든 상관없이 용납해서는 안 되고, 제자 논문을 자기 이름으로 발표하는 것은 절대로 있어서는 안 되는 일로 학계가 진지하게 반성해야 한다고 강조했다.

교수들끼리도 의견이 엇갈리고 있는 이 총장의 표절 문제는 명쾌하게 결론이 날 수 없었다. 이 총장은 무엇을 잘못했는지 가늠하기가 쉽지 않았을 것이다. 그런데도 계속되고 있는 여론몰이식 비난을 참기 힘들었을 것이다.

교수의회, 표절로 판정

진상조사위원회가 표절이 확실시된다는 보고서를 제출했다고 알려지면서 표절 의혹을 받고 있는 논문을 쓴 제자 4명은 문제의 논문은 절대 표절이 아니라고 반박했다. 이들은 "교수님이 연구 주제로 제시해 준 것을 확대·발전시켜 논문을 작성했고, 우리에게 도움을 줬을 뿐인데 오히려 표절 의혹을 받고 있다"고 항변했다.

나흘 뒤 고려대 교수의회는 이필상 총장의 표절 논란에 대한 보고서를 공개하고 "이 총장의 논문 8편에 대해 표절 혹은 중복 게재라고 판정한다"는 교수의회 의장단의 입장을 밝혔다.

조사위가 표절로 판정한 논문은 1988년 논문 2편과 1994년부터 2001년까지의 논문 4편 등 모두 6편이었다. 나머지 2편은 중복 게재한 것으로 판정했다. 조사위의 의견으로 "지도 학생의 학위 논문을 지도교수의 단독 논문으로 발표한 행위는 어떠한 이유로도 정당화될 수 없으며, 이것을 관행으로 볼 수도 없다"고 적시했다.

이에 대해 이 총장측은 해명 기자회견을 열고 "제자들의 논문 작성을 지도했을 뿐 표절을 한 것은 아니다"는 내용의 소명서를 공개했다. "석사학위 논문에는 교수의 이름이 저자로 표시될 수 없지만, 지도교수가 많은 기여를 한 경우 지도교수도 공저자로 보아야 하며, 학생의 기여가 자료 수집과 기초 분석에 국한돼 있어 학생의 이름을 제외한 것"이라고 해명했다.

재신임 투표의 역풍

이필상 총장은 교수의회가 표절로 결론을 내리자 공식 사과하고 교수 전체를 대상으로 신임 여부를 묻는 전자투표를 실시하겠다고 밝혔다. 이 총장은 진상조사로 학내외 불안만 가중됐다고 전제하고, 전체 투표를 통해 과반수 득표를 하지 못하면 사퇴할 것이라고 말했다.

그러나 교수의회 의장단은 표절 문제를 정치적으로 몰고 가는 이 총장의 제안을 받아들일 수 없으며 투표를 거부하겠다고 선언했다. 일반 교수들도 집단으로 재신임 투표 반대 의사를 나타내 투표 실시가 불투명해 보였다. 문과대·정경대·이과대 소속 교수들은 교수총회를 소집하고 문제가 된 이 총장의 논문들은 명백한 표절이기 때문에 투표에 참석하지 않겠다는 성명서를 발표하고 이 총장의 자진 사퇴를 촉구했다. 이 총장의 투표 제안에 거센 역풍이 닥치고 있었다.

이런 소란 속에서도 재신임 투표는 실시됐고, 결과는 이 총장이 88.7%의 찬성으로 지지를 받았다. 그러나 40%가 안 되는 낮은 투표율이 문제였다. 투표에 불참한 교수는 총장을 불신임한 것으로 보아야 하기 때문에 과반수 찬성이 아니라 3분의 2가 반대한 것으로 해석해야 한다는 의견이 힘을 얻고 있었다. 재단측도 학술적인 문제를 투표로 해결하는 것은 안 된다는 부정적인 입장이어서 재신임 투표가 오히려 이 총장에게 불리하게 작용하고 있었다.

재신임 투표는 90%에 가까운 지지로 나타났지만, 반대 여론이 더욱 달아오르면서 이 총장은 총장직에 대한 미련을 버려야 했다. 신임 투표가 끝난 다음날, 이 총장은 전격적으로 사퇴 의사를 밝혔다. 총장으로 취임한 지 56일 만이었다. 당초 이 총장은 이날 남은 임기 동안 총장직을 잘 수행하겠다는 내용의 담화문을 발표할 예정이었다.

사퇴 결정에는 고려대 동문 모임인 교우회의 '지지 철회'가 상당 부분 작용했다. 고려대 교우회는 교우회보 사설을 통해 "이 총장은 물론 고대 전체가 입은 상처는 만신창이라고 할 만큼 깊다. 이런 상황에서 이 총장이 대내외적으로 총장 직무를 제대로 수행한다는 것은 사실상 불가능하다"고 밝혔다. 재단측도 논문 표절 의혹에 부담을 느끼고 총장 사퇴 쪽으로 의견을 모아 가고 있었다.

이 총장의 사퇴 소식이 알려지자 총장의 결단으로 학교가 최악의 상황으로 가는 것을 막아서 큰 다행이라며 환영했다. 주변 상황이 아무리 불리하게 돌아갔어도 이 총장의 결심에는 학자로서, 선생으로서의 염치가 더 크게 작용했다. 그것이 관행이든 불가피했든, 표절이라는 행위 자체가 부끄러운 모습이라는 자각에서 총장 사퇴를 결정한 것으로 보였다.

표절 시비로 교육부총리가 자리에서 물러나고, 대학 총장까지 사임했다. 표절 자체의 문제라기보다는 도덕성 문제였다. 관행이든 아니든, 알고 했든 모르고 했든, 학자의 양심에 비춰 해서는 안 될 일을 하면 책임을 져야 한다는 정서가 우리 사회에는 폭넓게 자리잡고 있다. 그래서 의혹이 제기됐다는 사실 하나만으로도 감당하기가 힘든 것이다. 이런 자리는 또 문제가 생기면 스스로 물러나기를 요구받는다.

아무리 감정적인 여론재판이라고 문제를 삼아도 그런 관습이 우리 사회를 지금까지 이끌어 왔고, 또 앞으로도 그렇게 이끌어 가리라는 것은 분명하다. 최고의 위치에 있는 사람의 도덕 기준은 그만큼 엄격하고 높은 것이다. 비교 대상으로 삼을 사람도 없다. 스스로가 가장 높은 위치에 있기 때문이다.

가짜 학위로 쌓아올린 모래성

미술계의 신데렐라

미국에서 공부를 하고 돌아온 신정아 씨는 1998년 금호미술관에서 통역 아르바이트 일자리를 얻었다가 운 좋게 큐레이터로 임명됐다. 신씨는 큐레이터로서 경력을 쌓아 가던 중 학력에 의심을 사면서 3년 뒤 권고사직을 당했다. 하지만 바로 그 이듬해 성곡미술관 큐레이터로 자리를 옮겨 학예연구실장으로 승진했다. 신씨는 이미 상당한 수완을 발휘하고 있었다.

신씨는 성곡미술관 시절 미술계 유력 인사들과 교분을 쌓고, 이 사교를 바탕으로 서울에 있는 여러 대학에서 강사로 활동해 지명도를 높였다. 신씨는 누구에게나 성심껏 대했다. 겸손하고 성실하면서도 폭넓은 인맥 관리에 재능을 나타냈다. 신씨는 기자들과의 관계에 특히 신경을 썼다. 자연히 좋은 평판이 확산됐고, 그만큼 신씨의 주가는 올라갔다.

급기야 2005년 9월 동국대 조교수로 특별 채용돼 일약 미술계의 신데렐라로 떠올랐다. 젊은 나이 때문에 신 교수는 화제의 중심이었다. 예일대 박사로, 어엿한 대학 조교수로 성가를 높이면서 미술계의 차세대 선두주자로 이름을 얻고 있었다.

문화관광부 추천의원, 재벌그룹 문화자문위원 등 각종 감투를 쓰고 눈부신 활약을 벌였던 신씨는 2007년 광주 비엔날레 7회 예술감독에 선임되면서 그 절정을 맞았다. 30대 예술감독은 처음이었는데 그것도 여자 신분으로 감독 위치에 올랐으니 신씨는 놀라움의 대상이었다.

가짜 예일대 박사

미술계의 신데렐라는 그러나 돌이킬 수 없는 문제를 안고 있었다. 그 문제는 거짓이었고, 위조였다.

금호미술관에서 권고사직당한 이유였던 학력 위조 문제가 앞길을 막아섰다. 동국대 대학원 미술사학과에 조교수로 특별 채용될 당시에도 위조 학력 문제가 불거져 어려움을 겪었다. 당시 예술대 교수들은 신씨의 예일대 박사학위가 가짜임을 제기하면서 극구 채용을 반대했으나, 학교측은 이를 묵살하고 신씨를 교수로 채용했다.

특채는 됐지만, 신씨는 계속되는 교수들의 반발로 강의를 맡지 못하고 사표를 제출했다. 하지만 동국대는 이례적으로 사표를 반려하고 6개월 휴직시킨 뒤 이듬해 3월 교양교육원으로 소속을 바꿔 복직시켰다. 신씨의 학력 위조 의혹이 꾸준히 제기되고 있는데도 학교측은 그녀를 감싸고 있었다.

신씨의 학력 위조 문제는 당시 동국대 내의 현안이었다. 2007년 2월 이사회에서 이사인 장윤 스님이 신씨의 학력 위조 문제를 제기했으나 오히려 5월 이사회에서 해임되는 상황이 벌어졌다. 해임당한 장윤 스님은 넉 달 뒤 불교 관련 언론사 기자들에게 신씨의 가짜 학위 문제를 처음으로 알렸다. 언론들은 대서특필했고, 30대 여교수는 사회의 톱 이슈로 떠올랐다.

1994년 미국 캔사스대학 미술대학 학사, 1995년 캔사스대학 경영학 석사, 2005년 미국 예일대학 미술사학 박사, 30대 초반에 동국대 교수, 최고의 미술제전인 광주 비엔날레 예술감독. 이런 화려한 경력의 소유자가 학력과 논문을 위조했다는 사실에 입을 다물지 못했고 미술계는 일대 혼란에 빠져들었다.

여론의 압박에 밀린 동국대가 뒤늦게 학력 위조 사실 확인 작업을 벌인 결과, 예일대측에서 신씨의 박사학위는 허위이며, 예일대 학생으로 등록한 기록도 없다는 통보를 받았다. 그러나 신씨는 "예일대 박사학위를 받은 것은 확실하다. 2005년 동국대가 받은 서류에 입증돼 있다"고 주장했다. 이 증명 서류는 동국대가 신씨를 교수로 채용할 당시 예일대가 보내온 팩스였다.

이 팩스에는 신씨가 1996년 8월 미술사학과에 입학해 2005년 5월 졸업했으며, 박사학위를 취득했다는 내용에 대해 예일대 대학원 부원장이 "예일대가 발급하고 내가 서명했다"고 확인해 준 것으로 돼 있었다. 예일대 대외협력처는 "이 서류가 예일대 학력 확인서 양식과 다르고, 서류에 서명했다는 대학원 부원장도 이런 편지에 서명한 적이 없는 것으로 확인됐다"고 밝혔다. 학력이 전부 가짜라는 사실이 드러나면서 광주 비엔날레측은 신씨의 예술감독 선임을 취소했다.

그러나 6개월 뒤 예일대 대외협력처는 이 서류에 부원장이 서명했던 사실이 확인됐다고 밝히고 업무상 실수로 팩스가 발송됐으며, 자체 진상조사를 하고 있다고 통보해 왔다. 아울러 한국 사법당국의 조사에도 적극 협조하겠다고 했지만, 어떻게 그런 일이 가능했는지 의문이 꼬리를 물었다. 세계적인 대학의 위신 추락이었다.

광주 비엔날레 예술감독 선임이 취소될 당시 프랑스에 출장가 있었던 신정아 교수는 동국대가 학력 위조를 공식 발표한 7월 12일 프랑스에서 몰래 귀국해 일절 연락을 끊고 잠적했다가 나흘 뒤 미국으로 출국했다. 뉴욕의 케네디 공항에 내린 신씨는 기자들의 질문에 "논문 표절로 몰아간 언론에는 한마디도 하고 싶지 않다"고 말하고 총총히 공항을 빠져나갔다.

신씨가 동국대 임용 당시 박사학위 논문이라며 제출했던 논문은 1981년 버지니아대학에 제출된 다른 사람의 논문을 표절한 것으로 드러났다. 더 담하게도 신씨는 이 논문의 한국어판을 발간하기 위해 국내 출판사와 출판 계약도 맺었던 것으로 알려졌다. 상식적으로 이해할 수 없는 행동이었다. 표절한 내용을 더욱 크게 알리려고 하는 것은 정상이 아니었다. 신씨의 거짓에 대한 내면의 기준은 보통 사람들과 분명 달랐다. 미국에서 연락이 두절된 신씨를, 동국대는 징계위원회를 열고 만장일치로 조교수직에서 파면했다.

학력 위조 사건에서 권력형 비리 사건으로

동국대 이사회가 장윤 스님을 해임한 것은 무효라고 법원이 결정한 다음날, 신씨의 학력 위조 사건은 새로운 국면으로 접어들었다. 청와대 변양균 정책실장이 사건 전면에 등장한 것이다. 변 실장이 장윤 스님에게 두 차례에 걸쳐 학력 위조 문제를 문제삼지 말라고 압력성 회유를 한 사실이 언론에 보도되면서 큰 파문을 몰고 왔다. 학력 위조가 권력형 비리 사건으로 바뀌고 있었다.

보도된 내용은 대통령을 수행해서 과테말라의 IOC 총회에 참석하고 있던 변 실장이 가짜 학위 문제를 공론화한 장윤 스님에게 국제전화를 걸어 "가만히 있어 주면 잘 수습하겠다"고 회유했다는 내용이었다. 변 실장은 또 귀국한 다음날 바로 장윤 스님을 만나 "가짜 학위를 문제삼지 말라"고 부탁했다. 신정아 학위 위조 사건은 청와대까지 연루된 정권 말기 권력비리 사건으로 임기 말 대통령을 압박해 들어갔다.

검찰이 변 실장에 대한 수사에 착수했지만, 변 실장은 청와대 대변인을 통해 "장윤 스님을 만난 적은 있지만 신씨 문제에 개입한 적은 없고 과테말라에서 전화를 건 사실도 없다"고 부인했다. 청와대 대변인은 덧붙여서 변 실장의 통화 내역을 조사할 필요성을 느끼지 않고 그럴 단계도 아니라고 밝혔다. 청와대가 변 실장을 보호하기로 방침을 정한 것 같았다.

변 실장은 며칠이 지나도록 문제만 확산시킬 뿐이라면서 공식 해명을 피했다. 갖은 억측만 무성한 상황에서 청와대는 대변인을 통해 변 실장 관련설에 대한 법적 대응을 검토하고 있다고 밝혔다. 제기된 의혹에 대해서는 일언반구도 없이, 누구를 상대로 한 것인지도 언급하지 않은 채 일방적으로 법적 대응을 검토하겠다니 의문만 키우고 있었다.

신씨가 신용불량자라는 사실도 드러났다. 씀씀이가 컸던 신씨에게 누가 돈을 대고 있는지 변 실장 연루설과 함께 의혹은 더욱 커져 갔다. 세무서와 농협에 1억 원 넘게 빚을 지고 있었던 신씨는 2005년 법원 파산부에 '개인회생'을 신청해 개시 결정을 받았다. 개인회생은 일정 기간 얼마씩 빚을 갚고, 남는 빚은 없애 주는 제도다. 신씨는 5년 동안 빚을 갚는 것으로 회생 절차를 밟았다. 그래서 신용카드는 일절 쓰지 못하고 현금만 사용해야 했다.

그런데도 외제 BMW 승용차를 몰고 다니고, 월세 200만 원이나 하는 오피스텔에 거주해 누가 돈을 대주었는가를 놓고 의혹이 무성했다. 특히 명품 치장과 함께 명절만 되면 미술계 인사들에게 꼬박꼬박 보내는 선물 비용이 어디서 나오는지 의문투성이였다.

의혹만 계속 커지고 있는 상황에서 대통령이 신씨 파문과 관련해 "요즘 깜도 안 되는 의혹이 많이 춤을 추고 있다"고 발언해 또 한 번 파란을 일으켰다. 며칠 뒤에는 또 "좀 부실하다. 소설 같다는 느낌"이라며 언론의 과도한 의혹 제기를 비판했다. 이날 변 실장은 신씨의 의혹이 불거진 지 일주일 만에 드디어 입을 열었다. 아무 관련이 없다는 내용이었다.

그동안 왜 입을 닫고 있었느냐는 질문에 청와대 대변인을 통해서 다 하지 않았느냐, 할 얘기 다 한 것 아니냐고 반문하고 "나는 공무원 생활 30년을 바르게 한 사람"이라고 했다. 이 말 때문에 변 실장은 두고두고 욕을 먹었다.

두 사람은 연인 사이

특별한 관계는 아니라고 잡아뗐지만 변양균 실장과 신정아 씨는 연인 사이였다. 검찰은 신씨가 동국대 교수로 임용되기 전부터 변 실장과 100여 통의 이메일을 주고받았고, 내용은 대부분 두 사람의 진한 애정 표현이 담긴 것이라고 밝혔다. 검찰은 변 실장이 신씨에게 준 선물도 압수했다. 연인 사이가 드러나면서 세속적인 흥미를 자아냈고 사건은 점점 더 저급한 수준으로 떨어지고 있었다.

그동안의 주장과 해명이 모두 거짓이었다. 청와대가 변 실장의 거짓 보고에 국민을 상대로 거짓 브리핑을 한, 있을 수 없는 사태였다. 그제서야 변 실장은 그동안 제기돼 왔던 의혹이 대부분 사실임을 인정하고 사표를 제출했고, 청와대는 즉각 수리했다. 사태가 이렇게 전개되자 대통령은 "참 난감하게 됐다. 제 입장을 정확하게 표현하면 참 할 말이 없게 됐다. 매우 당황스럽고 힘들다"고 털어놓았다. 믿는 도끼에 발등이 찍힌, 참으로 어려운 입장이었다. 변 실장은 거짓말로 나라의 대통령을 나락에 떨어뜨리고 있었다.

그러나 사건의 몸통은 따로 있다는 의혹이 제기되면서 더 복잡하게 꼬여 갔다. 변 실장이 발을 빼고 정리가 필요한 시점에 오히려 파문을 무마시키려고 나선 점이나 거짓 해명 정황이 언론에 계속 보도되고 있는데도 청와대의 조치가 없었던 점 등으로 몸통이 따로 있다는 의혹은 갈수록 확대됐다. 몸통은 따로 있는데 깃털만 다치는 게 아닌가 하는 장윤 스님의 말도 이런 의혹을 더 부추겼다.

대통령의 의중을 가장 정확하게 파악해 노무현 사람으로 통했던 변 실장은 그 때문에 청와대를 더 곤경에 몰아넣었고, 독실한 불교 신자로 청와대 불자회 회장을 맡은 것도 비리를 키워 낸 또 다른 이유였다.

검찰은 사표를 낸 변 전 실장에 대해 다각도로 수사를 벌였다. 신 씨가 동국대 교수와 광주 비엔날레 예술감독으로 선임되도록 입김을 넣은 사실과 대우건설이 성곡미술관에 후원금 3억 6천만 원을 내도록 하는 등 기업 후원을 독려한 것, 그리고 동국대 이사장의 청탁을 받고 사찰 특별교부금이 편법으로 배정되도록 한 것, 기획예산처 장관실 그림 교체 등 한두 가지가 아니었다. 도저히 공무원 생활 30년을 바르게 한 사람으로 볼 수가 없었다.

동국대측의 거짓말도 드러났다. 신씨의 교수 임용 과정에 어떤 외압이나 청탁은 없었다고 일관되게 주장해 왔지만, 변 실장이 신씨를 동국대에 추천했던 것으로 밝혀진 것이다. 변 실장의 압력 행사는 직권남용 범죄에 해당해 본격적인 권력비리 사건으로 접어들고 있었다.

그런 와중에 신씨의 증권 계좌에서 5억 원이 발견됐다. 개인회생 절차에 들어간 직후 주식 계좌에 2억 원을 넣었는데 이 돈이 5억 8천만 원까지 불어난 것이었다. 신씨는 이 돈이 아버지에게서 상속받은 40억 원 중 일부라고 주장했지만 미술관 후원금을 빼돌렸거나 누군가로부터 재정적 후원을 받았을 가능성도 있었다.

이어서 신씨 명의로 된 은행 금고에서 2억 원이나 되는 외화가 또 발견됐다. 이 돈은 성곡미술관 박문순 관장의 돈으로 밝혀졌지만, 돈의 출처가 후원금 횡령으로 번지면서 사건은 복잡하게 전개됐다. 신씨는 대기업이 제공한 후원금을 빼돌려 박 관장에게 상납하고 1300만 원짜리 목걸이를 받았다고 주장했지만 박 관장은 부인했다. 그러나 남편이 쌍용양회 김석원 명예회장이어서 후원금 횡령 사건은 쌍용 비자금 문제로 옮겨갔다.

두 달간 미국에 머물던 신씨는 변 실장이 사표를 낸 지 엿새 뒤 귀국해 검찰 조사를 받았다. 하루빨리 진실을 밝히기 위해서라는 이유였지만 속내가 무엇인지는 알 수 없었다.

세간의 관심 속에 검찰이 청구한 구속영장을 법원이 기각했다. 사문서 위조와 업무방해 등 네 가지 혐의를 적용했으나, 법원은 증거인멸과 도주 우려가 없다는 이유로 영장을 발부하지 않았다. 수사에 제동이 걸린 검찰은 성명서를 발표하고 사법의 무정부 상태라고 법원을 비판했다. 희대의 사기 사건을 두고 검찰과 법원이 또 감정싸움을 벌이고 있었다. 이래저래 말썽 많은 사건이었다.

몸통은 없었다

다시 영장을 청구한 검찰은 영장을 발부받아 변 전 실장과 신씨를 구속 수감하고 기소했다. 신씨와 변 전 실장을 둘러싼 각종 의혹의 배후에 또 다른 고위층 인사가 개입됐다는 의혹은 사실로 볼 만한 근거가 발견되지 않았다고 검찰은 발표했다. 몸통은 없었다는 것이다. 그러나 향후 수사 과정에서 제3의 고위층 개입 단서가 포착되면 지위 고하를 막론하고 성역 없는 수사로 실체를 규명하겠다고 강조했다. 또 성곡미술관에 뇌물성 후원금을 낸 삼성·LG 등 10개 기업에 대해서도 문화예술 지원이 위축될 것을 우려해 기소하지 않았다고 밝혔다.

변양균 전 실장에게 적용된 혐의는 크게 세 가지였다. 먼저 신씨가 동국대 교수로 임용되도록 외압을 행사하고 광주 비엔날레 예술감독으로 선임되도록 입김을 넣었으며, 두 번째 기획예산처 장관과 청와대 정책실장의 권한을 이용해 대우건설 등 10개 기업이 8억 5천여만 원을 후원하도록 했고, 세 번째 동국대 이사장의 청탁을 받고 울주군 흥덕사에 10억 원, 과천시 보광사에 2억 원의 특별교부금이 편법으로 배정되도록 한 혐의였다. 모두 직권남용으로 공적 권한이 연인과의 사적인 청탁에 이용된 것으로, 아무리 혐의라고 해도 한심하고 부끄러운 내용이었다.

신씨는 미국 캔사스대 졸업 증명서와 예일대 박사학위를 위조해 동국대 교수와 광주 비엔날레 감독이 된 혐의를 받았다. 2005년 7월부터 공금 2억여 원을 빼돌려 증권투자 등에 사용했고, 조형물을 알선하고 받은 수수료 1억 원과 미술품 일부도 가로챘다는 혐의도 적용됐다. 개인회생을 신청하면서 1억여 원의 재산과 월수입을 감추고 변제 계획서를 제출한 것도 포함됐다.

두 사람이 구속되는 모습은 달랐다. 나름대로 현실을 받아들이는 듯한 신씨는 취재진의 질문에 "그동안 잘못된 판단으로 사회에 큰 물의를 일으켜 죄송하고 부끄럽다"고 했다. 그러나 변 전 실장은 완전히 탈진한 모습으로 질문이 쏟아지는데도 아무 말도 하지 않았다. 변 전 실장은 구치소 독방에 수감된 첫날 밤새 잠을 이루지 못하고 뒤척였던 것으로 알려졌다.

신씨는 구속되는 자리에서 물의를 일으켜 죄송하고 또 부끄럽다고 했다. 부끄러움의 종류가 어떤 것인지 알 수 없지만, 그때까지는 양심의 가책이나 부끄러움과는 담을 쌓고 있는 것처럼 보였다. 분명한 목적을 가지고 사기 행각을 계속했던 것으로 비쳤다. 본인뿐 아니라 자신을 아끼고 도왔던 사람들이 파멸로 내몰리고 있는데도 내 잘못이라고 인정하는 모습을 드러낸 적이 없었다.

신씨는 언제부터 학위를 위조할 마음을 먹었을까. 신씨의 학위 위조는 동기부터 불순했다. 취업을 목적으로 학력을 속인 것이다. 금호미술관에서 통역 아르바이트 자리를 얻고 큐레이터가 되기까지 학위를 속였던 것이 도움이 됐던 것으로 짐작된다. 금호미술관에서 학력 문제로 쫓겨나지만, 그 이후 불이익을 받지 않았다. 성곡미술관의 큐레이터 자리를 얻었고, 학예실장으로 승진까지 하면서 오히려 전화위복이 됐다. 학위를 속여서 낭패를 봤다면 신씨의 학위 위조 문제는 거기서 막을 내렸을 것이다. 그러나 박사 논문까지 표절해 대학교수 위치에 오르고 비엔날레 예술감독까지 승승장구하면서 거짓은 되돌릴 수 없는 단계에 이르고 말았다.

남의 눈을 의식하는 훈련이 돼 있었더라면 상황이 더 나빠지기 전에 사기 행각을 멈추거나 잘못을 고백하는 용기도 생겼을 것이다. 그러나 불행하게도 나이가 너무 젊었고, 이루어 낸 성과가 너무 컸다. 본인으로서는 작은 거짓말로 시작했지만, 이것을 부정하면 전체가 통째로 무너지는 상황이 된 것이다. 이제는 용서받을 수 없는 죄인으로 떨어지면서도 방법을 찾지 못하는 처지가 고통스럽고 안타까울 것이다. 그러나 거짓에 대한 책임은 피할 수 없다. 모든 것을 털어놓고 잘못을 인정하는 것밖에 없다.

변양균 전 실장의 고통은 신씨보다 훨씬 클 것이다. 순간의 잘못으로 평생을 바쳐 쌓아 온 모든 것을 잃었다. 모두가 부러워했던 자리에서 젊은 애인을 위해 여기저기 압력을 넣었던 부패하고 타락한 공무원으로 추락했다. 신씨와의 관계가 알려진 이후 비웃는 소리들이 끊임없이 그를 괴롭혔을 것이다.

23살의 나이 차이가 나는 연인 관계, 주고받았던 메일의 공개, 4천만 원어치가 넘는 상품권으로 장신구를 사도록 한 것, 학교 동창들에게 미술관 후원금을 내도록 해서 사회의 비난을 받도록 한 것, 직권을 남용하고도 30년 공무원 생활을 바르게 했다고 말한 것, 그토록 믿어 주었던 대통령에게 거짓말을 해서 곤경에 빠뜨린 것. 후회할 것은 셀 수가 없을 정도로 많았다.

"가진 자의 겸손" 판결

영등포구치소에 구속 수감된 지 다섯 달 뒤 1심 선고가 내려졌다. 법원은 신정아 씨에게 징역 1년 6개월을, 변양균 전 실장에게는 징역 1년에 집행유예 2년과 사회봉사 160시간을 선고했다.

김명섭 판사는 신씨가 허위 경력을 이용해 광주비엔날레 예술감독으로 선정된 것과 미국 대학 유학 학력 위조, 기업 후원금 횡령 등의 혐의를 모두 인정했다. 그러나 '예일대 박사학위' 위조 혐의에 대해서는 위조한 일시와 장소, 방법 등이 분명하지 않다는 이유로 공소를 기각했다.

변양균 전 청와대 정책실장에 대해서는 울주군 홍덕사에 특별교부세를 지원하도록 압력을 행사하는 등 기획예산처 장관으로 재직하면서 직권을 남용한 혐의에 대해서만 유죄를 선고했다. 신씨의 동국대 교수 추천 과정에서 학력 위조 등을 공모했다는 혐의에 대해서는 "두 사람은 서로 사랑하는 연인 관계였을 뿐 경제적 지원이 오가지 않았기 때문에 공모라고 보기 어렵다"고 밝혔다.

김 판사는 이 판결에서 가장 주안점을 둔 것은 '가진 자의 겸손'이라고 했다. 피고인들은 모두 가진 자이면서 겸손을 보이기는커녕 주변 사람들을 오히려 불행하게 했다면서 스스로를 돌아보고 잘못을 깨닫는 도덕적 반성을 강조했다. 그러나 신씨의 변호인은 예일대 학위 위조 혐의를 기각하고도 1년 6개월을 선고한 것은 형량이 너무 무겁다며 항소했다.

온 사회를 놀라게 하면서 거의 한 해 동안 사람들의 비난과 질시를 받았던 희대의 학위 위조 파문은 이렇게 일단 마무리됐다. 도덕적 차원의 제동 장치인 염치가 얼마나 중요한지 실증적으로 보여준 사건이었다.

4
모두 짊어지고 간 엄치

한강에 뛰어들다

참여정부가 출범한 지 만 1년이 지난 2004년 3월, 헌정 사상 처음으로 대통령 탄핵을 국회가 발의하면서 나라가 온통 혼란에 빠져들었다. 대통령은 가만히 있을 수가 없었다. 야당이 거론하고 있는 탄핵 사유에 대해 입장을 표명하기로 했다. 국회의 탄핵 발의 이틀 뒤 대통령은 특별기자회견을 가졌다. 발의한 탄핵안을 국회가 의결해야 하는 시한을 하루 앞두고 있던 날이기도 했다.

기자회견은 전국에 생중계됐고, 이렇게 가다가 나라가 망할지도 모르겠다고 걱정하던 국민들은 해결의 실마리가 보일까 하고 너도 나도 TV 수상기 앞으로 모여들었다. 전직 건설사 사장도 부인·아들과 함께 집에서 방송을 보고 있었다.

대통령이 무슨 말을 하는지, 이 난리를 어떻게 수습하려고 하는지 대통령의 한마디, 한마디를 경청했다. 대통령은 야당이 적시한 탄핵 사유를 하나하나 짚어 가며 솔직하게 입장을 밝히고 있었다.

방송을 보고 있던 전직 건설사 사장은 갑자기 소스라치게 놀랐다. 대통령 말에 자신이 등장했기 때문이었다. 그것도 돈을 주고 인사 청탁 비리를 저지른 악덕 기업인으로 매도되고 있었다. 가족들은 서로 쳐다보며 할 말을 잃었다. 굳어 가는 가장의 얼굴을 보며 숨이 막혔다.

대통령은 형님에게 돈을 주고 사장 연임을 부탁한 이 사람은 누구이며, 돈은 얼마나 건넸는지 구체적으로 밝히고, 그렇지만 청탁은 성사되지 않았다고 덧붙였다. 제발 앞으로 이런 일을 하지 말아 달라고 당부까지 했다. 방송을 보던 사람들은 '모두 쳐다보고 있는데 엄청난 창피를 당하는구나' 하고 가볍게 넘겼다. 소문대로 대통령 형님에게도 청탁을 한다는 사실에 더 관심이 갔다.

이 기자회견이 끝난 지 불과 한 시간 정도 지난 낮 12시쯤, 대통령 회견에서 비리 기업인으로 거론됐던 전직 건설사 사장은 한남대교 남단에서 올림픽대로로 내려가는 램프 입구에 승용차를 세웠다. 그러고는 사장 자리에서 물러난 뒤에도 고문으로 몸을 담고 있는 회사의 법무팀장에게 전화를 걸었다.

"내가 모두 짊어지고 가겠다. 한강 남단변에 차를 세워 놓았으니 가져가시오."

그날은 황사주의보가 발령돼 중국에서 날아온 누런 먼지 때문에 사방은 흐릿하고 답답했다. 우울한 표정으로 꼼짝하지 않은 채 상당한 시간을 보낸 뒤 이윽고 결심한 듯 차에서 내려 그대로 한강에 뛰어들었다.

검은색 체크무늬의 점퍼를 입은 61킬로그램의 체구가 치솟는 물보라와 함께 서서히 물속으로 가라앉았다. 허우적거리지도 않고 조용히 물속으로 사라졌다. 유서 한 장 남기지 않은 채 모두 짊어지고 떠났다.

탄핵으로 가는 길목

국회의 대통령 탄핵 발의 움직임은 대통령의 발언으로 시작됐다. 대통령은 방송기자클럽 회견에서 기자가 묻는 질문에 "열린우리당이 표를 얻을 수만 있다면 합법적인 모든 것을 다 하고 싶다"고 속마음을 솔직하게 드러냈다. 40명 남짓한 여당 국회의원으로 국정을 수행하느라 온갖 고생을 하고 있던 대통령으로서는 진심이었을 것이다. 기득권 세력과는 거리가 멀었고, 용기와 열정 외에 맨손이나 다름이 없었다. 열린우리당 지원 발언은 순수한 마음으로 개인적 희망을 피력한 것일 수도 있었다.

하지만 17대 총선을 코앞에 두고 있는 상황이라 야당들은 도저히 그냥 넘어갈 수가 없었다. 대통령이 불법으로 선거운동을 했다고 선거관리위원회에 고소했고, 선관위는 공무원 중립 의무 위반이라고 결정했다. 야당은 대통령의 개입을 원천적으로 막아야겠다고 작심하고 대통령제 국가에서 최후 수단이라고 할 수 있는 대통령 탄핵 카드를 꺼내들었다.

그러나 대통령 탄핵 문제는 야당에서도 반대하는 목소리가 많았다. 한나라당 소장파 의원들은 탄핵안을 발의하면 거꾸로 야당이 망한다고 주장했다. 여론의 역풍을 맞아 한 달여 앞으로 다가온 총선에서 수도권은 전멸할 수밖에 없고, 대통령의 총선-재신임 연계 카드에 말려든다면서 끈질기게 반대했다.

특히 16대 국회의 마지막이 탄핵 발의와 가결 문제로 몸싸움과 난장판으로 얼룩지면서 현역 의원 모두를 심판해야 한다는 쪽으로 여론이 돌아갈 것을 걱정했다. 이 두 가지 우려 모두 나중에 그대로 적중했지만, 당시에는 대통령을 탄핵해야 한다는 분위기가 훨씬 강했다. 분위기에 휩쓸려 두 야당은 파국을 향해 달려갔다.

한나라당은 탄핵 발의 당일 오전까지도 입장을 정하지 못하고 몸살을 앓았다. 탄핵에 부정적인 의원들을 설득하느라 안간힘을 쏟았지만, 반대 의원들은 총선에서 대통령을 심판하면 된다고 뜻을 굽히지 않았다. 하는 수 없이 의원총회를 열고 격론을 벌였으나 여기서도 결론이 나지 않았다. 지도부는 이미 찬성 방침을 정한 만큼 박수로 결의하자고 밀어붙여 대통령 탄핵소추안 발의를 결정했다. 사상 첫 대통령 탄핵소추안 발의가 어처구니없게도 박수로 결정된 것이다. 이성이 아니라 감성이 지배하는 대한민국 정치의 현주소였다.

이렇게 해서 초유의 사태인 대통령 탄핵소추안 발의는 3월 9일 저녁 6시 30분에 국회 본회의에 보고됐다. 엄청난 소용돌이를 몰고 올 화살은 시위를 떠났다. 탄핵소추안은 국회법에 따라 국회 본회의 보고 시점에서 24시간 이후인 3월 10일 오후 6시 30분부터 72시간 이전인 3월 12일 으후 6시 30분까지 만 이틀 동안 국회의원 무기명 투표로 의결해야 했다.

가결을 위해서는 재적의원 3분의 2 찬성이 필요한데 당시 재적의원은 271명으로 3분의 2는 181명이었다. 그리고 이 기간 안에 의결하지 못하면 소추안은 자동으로 폐기되도록 돼 있었다.

탄핵 사유 세 가지는 다음과 같았다.

첫째, "대통령이 뭘 잘 해서 열린우리당이 표를 얻을 수만 있다면 합법적인 모든 것을 다하고 싶다" 등의 발언으로 선거법을 위반했다.

둘째, 자신과 측근들 그리고 참모들의 부정부패로 인해 국정을 정상적으로 수행할 수 있는 최소한의 도덕적·법적 정당성을 상실했다. 자신의 불법자금 규모가 한나라당의 10분의 1을 넘으면 정계를 은퇴할 것이라고 공언했는데 이미 7분의 1에 이르렀다.

셋째, 세계적 경기호황 속에서도 이례적으로 낮은 성장률에 머물고 있는 점에서 드러나듯이 대통령은 국정을 파탄시켜 민생을 도탄에 빠뜨림으로써 국민에게 IMF 때보다 더 극심한 고통과 불행을 안겨주고 있다.

국회 표결을 앞두고

탄핵안이 발의되자 여당은 군사독재정권이 민주주의를 군홧발로 짓밟은 것같이 국회가 민주주의를 짓밟은 치욕의 날로 규정했다. 그러나 야당은 헌정 수호를 위해 국민과 함께 나가는 행군이 시작됐다고 기염을 토했다. 정국의 주도권을 잡은 듯 탄핵안 의결까지 밀어붙이겠다는 의욕에 넘쳤다.

국민들은 놀랐고 정치인들에게 분노했다. 설마 했던 탄핵안이 발의되다니, 가뜩이나 어려운 경제 사정으로 국민들은 고통받고 있는데도 야당이 하는 일이 고작 대통령 탄핵 발의냐는 비난이 계층을 가리지 않고 퍼져 갔다. 어떻게 해서든 탄핵을 피해야 한다는 위기감이 높아졌다. 당연히 여론은 탄핵 반대가 찬성보다 2배 이상 압도적으로 많았다. 앞으로 탄핵 사태가 국정 전반에 미칠 충격파가 어느 정도가 될지 가늠하기 어려웠다.

헌법학자들도 대통령 발언이 탄핵 사유에 해당하지 않는다는 의견을 내놓았다. 대통령의 열린우리당 지지 발언은 기자 질문에 대한 답변이어서 정치적 의사 표현으로 볼 수 있기 때문에 정확히 대통령의 직무 행위로 보기 힘들다는 이유에서였다. 하지만 대통령도 잘못을 인정하고 선관위의 결정을 수용해 공정한 선거관리를 약속해야 한다고 목소리를 높였다.

경제 5단체도 "한국 사회가 지금처럼 총체적 위기에 처한 적은 일찍이 없었다. 국민은 절망하고 있는데 정부와 정치권은 위기의 실체조차 모르고 있다"고 비판했다.

급기야 각계 원로들이 나서 시국 성명을 발표했다. 야당은 탄핵을 철회하고, 대통령은 국민에게 사과할 것을 촉구했다. 탄핵 철회와 국민 사과를 맞바꾸자는 궁여지책이었지만, 야당과 대통령은 그럴 생각이 전혀 없었다.

야당은 탄핵소추안 의결에 힘을 쏟아부었고, 대통령은 탄핵 발의가 지나친 처사로 절대 굴복할 수 없다는 점을 분명히 했다. 주변에서 대통령에게 사과를 권유하기도 했지만, 대통령은 좋지 않은 선례가 된다고 정면대응 의지를 굽히지 않았다.

국민들은 이번에도 '발의는 됐지만 설마 가결까지는 못 갈 것이다. 나라가 거덜나게 생겼는데 아무리 정치인들이라도 그렇게까지는 하지 않을 것'이라고 막연한 기대를 품고 있었다. 파국을 피하고 싶은 심정에서였다. 사과하고 탄핵을 철회하면 문제는 단번에 해결되는데 왜 이렇게 서로 고집을 부리는지 알 수가 없었다.

싸움을 말릴 수도 없고, 서로 양보하라고 설득할 수도 없고, 어떻게 해볼 방법이 없는 국민들만 불쌍했다. 이 국민들을 생각해서 정치적 득실을 따지지 않고 잘못을 솔직하게 인정하는 염치는 누구에게서도 찾을 수 없었다. 정치인들은 두 패로 갈려 서로 자기들만 옳고 필요한 일을 하고 있는 것처럼 행동했다.

국민들의 희망대로 탄핵 가결 가능성은 거의 없었다. 한나라당과 민주당 의원만 합해도 의결 정족수보다 25명이나 많았지만, 소장파 의원들이 공개적으로 탄핵을 반대하고 있는 상황에서 그만한 의원 수를 확보하기란 사실상 불가능했다. 실제로 발의 때부터 탄핵이 가결될 것이라고 예상한 사람은 거의 없었다. 대부분의 국민은 이제 좀 그만 했으면 했다. 서로 치고 받고 싸우는 것을 보는 것도 하루 이틀이지 견딜 수가 없었다. 탄핵은 발의됐지만, 대통령의 경각심을 일깨우는 정도면 충분하니 이 정도 했으면 됐다고 생각하고 있었다.

그러나 대통령의 생각은 달랐다. 탄핵이라는 엄청난 이벤트를 한 달여 앞으로 다가온 총선과 연결시켜야 현재의 총체적 궁지에서 벗어날 수 있다고 확신한 것이다. 그 이후 진행된 과정으로 볼 때 너무나도 뛰어난 판단이었다. 대통령은 최고의 승부사임이 분명했다.

참 부끄럽고 난감합니다

전직 건설사 사장을 공개적으로 비난한 기자회견은 이런 배경 속에서 열렸다. 탄핵과 총선을 연결시켜야겠다는 대통령의 의도가 깔려 있었다. 시작은 희망적이었다. 대통령은 일단 사과하는 것으로 말문을 열었다. 대통령이 사과하면 탄핵 정국이 해결될 것이라고 순진하게 믿고 있는 국민들이 바라는 바였다.

"존경하는 국민 여러분, 여러 가지로 걱정거리가 많을 줄 압니다. 오늘 저의 발언은 미리 약속한 대로 대선자금, 측근과 친인척 비리 문제와 관련해 입장을 말씀드리고 나중에 질문이 있으면 그 밖의 문제도 성의껏 답변하겠습니다.
먼저 죄송합니다. 부끄럽고 난감하기 짝이 없습니다. 거듭 머리 숙여 사과드립니다."

거듭 머리 숙여 사과를 드린다는 말을 들었을 때 어지럽던 탄핵 정국이 이제는 해소되는 것이 아닌가 하고 모두들 기대를 품었다. 불법 대선자금 수사를 맡은 검찰의 노고를 치하할 때까지만 해도 이런 기대는 지속됐다.

그러나 야당이 탄핵 사유로 적시한 불법자금 액수는 10분의 1을 넘지 않는다는 말이 나오면서 어그러지기 시작했다. 야당은 탄핵소추안에서 대통령의 불법자금 규모가 이미 7분의 1에 이르렀다고 주장하고 있지만, 대체적으로 10분의 1을 넘지 않는다고 해명했다. 논란이 되는 부분도 수억 원을 넘지 않는다고 비켜가면서 10분의 1을 넘느냐, 넘지 않느냐는 문제의 본질이 아니라고 규정하고 만약 그 액수가 현저히 초과하면 상응한 책임을 지겠다고 밝혔다.

"대선자금이 10분의 1을 넘었는가 넘지 않았는가 하는 문제를 얘기하기가 참 구차합니다. 그러나 이 문제는 시비가 되고 있고 또 논의 방향이 문제의 본질을 왜곡하고 호도하는 방향으로 갈 우려도 있기 때문에 나중에 질문하면 소상히 답하겠지만, 대체적으로 10분의 1을 넘지 않습니다. 성격에 약간의 논란이 되는 부분이 있어서 그것이 포함되느냐 않느냐에 따라 약간의 차이가 있겠지만 넘더라도 수억 원을 넘지 않습니다. 넘느냐 넘지 않느냐는 것은 문제의 본질이 아닙니다. 그것이 현저히 넘어서 말에 대한 책임을 져야 될 수준이라면 상응하는 책임을 질 각오를 가지고 있습니다."

이어서 불법 선거자금 관련 측근들에 대해 언급했다. 국민들에게 사과드린다면서도 검찰에 구속돼 수사를 받고 있는 그들에게 미안하고 대신 벌을 받았으면 마음이 가볍겠다고 토로했다. 자신을 대통령으로 당선시키고도 감옥에 가 있으니 참으로 민망하고 마음이 무겁다고 했다. 인간적 고뇌 속에서 측근들에 대한 사랑이 구구절절이 묻어났다. 선거자금을 불법으로 조달하기는 했지만 횡령은 없었고, 모두가 대통령으로 당선시키기 위한 노력이었다고 변호했다.

"저의 선거참모들이 모두 구속됐습니다. 선거대책위원장과 선거대책본부장, 유세본부장이 구속됐습니다. 참으로 죄송하기 짝이 없습니다. 국민을 볼 면목이 없습니다. 그들과 그들의 가족에 대해서도 한없이 미안합니다. 대통령은 내가 당선되고 감옥엔 그들이 가 있으니 제 처지가 민망하기 짝이 없습니다. 제가 대신 벌을 받을 수 있다면 참 마음이 가벼울 것입니다.
그러나 또한 그렇게 할 수 있는 일도 아닌 것 같아 마음이 더 무겁습니다. 굳이 그들을 위해 한마디 변론을 한다면 횡령이 없었다는 것입니다. 비록 법을 어겼으나 선거를 위해서 노력한 일이고 개인적으로 착복하거나 치부하지 않았다는 것을 감사하게 생각합니다.

그들에게 다시 한 번 신뢰를 보냅니다."

대통령의 이런 의중이 사법 당국에 어떤 영향을 줄지 걱정되는 대목이었다. 그런데도 대통령은 한 발 더 나아가 그들에게 한 번 더 신뢰를 보낸다고 감싸안았다.

다음에는 측근 비리에 대해 사과하고 용서를 구했다. 선거 이후에 저질러진 비리라서 변명하기도 힘들 정도로 잘못된 일이지만, 책임은 자기에게 있기 때문에 비난은 자기에게 하라고 부탁했다. 그렇지만 여전히 측근들에 대한 신뢰는 거두기 어렵다고 다시 한 번 강조했다.

"측근 문제에 관해 말씀드리겠습니다. 아주 가까운 사람인 최도술 비서는 15년 넘게 20년 가까이 일을 맡았고, 안희정 씨는 15년 가까이 됐습니다. 제가 감독하고 관리할 범위 안에 있는 사람들이기 때문에 이들의 잘못은 제가 책임져야 합니다. 거듭, 거듭 사과드립니다. 이들이 조달하고 사용한 대선자금은 저의 손발로서 한 것입니다. 법적인 처벌은 그들이 받되 정치적 비난은 저에게 하기 바랍니다. 그러나 이들이라 할지라도 대통령 선거 이후에 저지른 어처구니없는 실수에 대해서는 저도 마음이 아픕니다. 용서하기 어렵습니다. 원망스럽기도 합니다. 그러나 한편 아직도 그들에 대한 신뢰를 거두기 어렵습니다. 아직도 보관하고 있었던 돈의 용도에 관해서 그들의 선의를 믿습니다. 개인적으로 치부하고 축재하기 위해 모아 둔 돈이 아니라 대통령으로서 최소한의 체면치레가 필요하지 않겠느냐는 생각에서 관리하고 있었던 돈으로 생각합니다. 그렇게 믿는 근거는, 그들은 십수 년 동안 한 번도 저를 속이지 않았습니다. 부득이한 사용이 있을 때는 반드시 승낙을 받았습니다."

오랫동안 동고동락했던 동지들에게 보내는 전폭적인 믿음이었다. 불법 선거자금과 마찬가지로 비리 문제에서도 대통령은 측근들의 책임을 물을 생각이 없었다. 원망스럽고 용서하기도 어렵지만 어처구니없는 실수라고 했다. 대통령을 위한다고 마음을 쓰다가 저지른 실수로 측근들의 잘못은 모두 감수할 수 있는 수준이라고 했다. 앞으로도 계속 같이 일하겠다는 뜻으로 측근 문제에 관한 야당의 탄핵 사유는 인정할 수 없다는 단호한 의지 표명이었다.

형님의 인사 청탁

대통령은 또 형님 문제를 솔직하고도 구체적으로 공개했다. 인사 청탁으로 돈을 받았다는, 정말 꺼내기 힘든 비리 내용을 거침없이 쏟아냈다. 청탁을 한 사람이 누구이며, 청탁 내용은 무엇인지, 얼마를 받았는지, 조목조목 밝혔다. 친형의 비리를 솔직하게 털어놓는 모습은 신선하고 설득력이 있었다. 그러나 대통령의 솔직함이 비극을 부르고 있었다.

"이판에 제 형님까지 끼어들어서 참 미안하기 짝이 없습니다. 워크아웃 기업인 건설회사 사장의 유임을 청탁하려고 3000만 원을 받앉습니다. 어떻든 그 일은 성사되지 않았습니다. 돈은 이미 돌려주었다고 합니다. 아울러 1억 원을 주는 것을 받지 않고 거절했습니다. 함께 모아서 판단해 주기 바랍니다. 어떻든 죄송합니다."

형님의 잘못을 조금도 숨기지 않았고, 청탁도 들어주지 않았다고 했다. 그런데 형님에 대한 사과보다는 청탁을 한 사람을 더 몰아세웠다. TV로 전국에 생중계되고 있는데도 워크아웃 건설회사 사장이라고 구체적으로 밝혔을 뿐만 아니라 3천만 원, 1억 원 등 청탁 자금의 액수도 정확하게 공개했다.

더 심한 것은 아예 청탁이 성사되지 못하도록 수석실에 지시하고 나중에 확인까지 했다고 덧붙인 것이었다. 형님은 제가 잘 관리하겠으니 이해해 달라고 양해를 구한 것과는 반대였다.

"지금까지 제 형님은 저에게 세 번의 청탁을 했습니다. 결과는 모두 성사되지 않았습니다. 한 번의 청탁은 제가 관여할 일이 아니어서 외면했습니다. 성사, 불성사는 아직 결론나지 않았지만 일절 아는 척하지 않고 있습니다. 또 한 번은 청탁 때문에 불이익을 받았습니다. 잘 될 수도 있는 것이 안 됐습니다. 그냥 안 된 것이 아니고 제가 안 되게 했습니다. 청와대의 인사 사항은 아나 영향력을 행사할 수 있는 데까지 행사해서 연임되지 않도록 하고 민정과 인사 수석실에 직접 지시했고 뒤에 확인까지 했습니다. 형님의 실수가 있더라도 제가 잘 관리할 터이니 그렇게 이해해 주기 바랍니다."

당사자인 전직 건설사 사장도 집에서 TV를 보고 있었다. 깜짝 놀랐을 것이다. 어떻게 전국에 생중계되고 있는 방송에서 이런 말을 할 수 있는가. 기가 막힐 노릇이었다. 사장 연임을 위해서 대통령 형님에게 3천만 원을 주고, 그것도 나중에 또 1억 원을 주려고 하고……. 자리 때문에 돈으로 최고 권력자에게 줄을 대는, 절대로 용서할 수 없는 비리 기업인으로 전락하고 있었다. 대통령은 형님의 세 차례 청탁은 모두 이루어지지 않았고 건설사 사장의 청탁은 아예 성사되지 않도록 막았다고 했다. 그것도 사후에 확인까지 했다고 덧붙였다. 정말 환장할 지경이었다.

경영 실적은 최고였는데

워크아웃 건설사의 채권단은 이 기자회견 넉 달 전, 신임 사장을 선임하면서 현 사장을 유임시키지 않고 전무를 신임 사장으로 뽑았다. 대통령 말대로 청탁은 성사되지 않았고 사장은 연임에 실패한 것이다. 그러나 청탁을 하지 않았으면 연임에 성공했을 수도 있었을 만큼 전임 사장의 경영 능력은 탁월했다.

세계 경영으로 빚이 많았던 이 건설사의 그룹은 IMF 이후 더 이상 견디지 못하고 주력 계열사 12개가 워크아웃(기업개선 작업)에 들어갔다. 사장단이 모두 물러나고 그룹은 공중분해됐다. 그룹이 해체되면서 건설 부문 사장으로 영입돼 입사 때부터 배운 현장 경험을 살려 뛰어난 수완을 발휘했다. 적자투성이 회사를 맡은 지 불과 2년 만에 건설 수주 2위 기업에 올려놓았고, 그 다음 해에는 당당히 1위를 차지했다.

적자에서 매출 4조 2311억 원에 순이익 1637억 원, 기적 같은 실적으로 회사는 워크아웃을 조기에 졸업했다. 3년 4개월 만의 워크아웃 졸업, 그리고 금탑산업훈장 수상, 회사 정상화의 1등 공신으로 그해 차기 사장 선출에서는 누가 보아도 가장 유력한 후보였다.

그러나 벌여놓은 일들이 너무 많았고 회사를 살리기 위해 무리한 방법을 쓰기도 했다. 외부 사람이 사장으로 오면 문제를 일으킬 것이라고 걱정도 했다. 그래서 사장 연임을 청탁하기로 마음을 먹었다.

잇따른 사업 실패로 어려움에 빠져 있던 대통령 형님의 처남이 다리를 놓았고 추석 선물로 쇼핑백에 든 3천만 원이 대통령 형님 자택으로 전달됐다. 두 달 뒤에 다시 현금 1억 원을 건네려고 시도했다. 그러나 그 해 12월 사장 선임에서는 연임되지 않았다. 대통령 형님측은 사장 연임에 실패하자 3천만 원을 돌려줬다고 했다. 몇 달 동안의 노력이 물거품이 된 것이다.

사장직에서 물러난 뒤 사무실 하나를 얻어 사장 상담역이라는 고문 직함을 달고 출퇴근했다. 맡겨진 업무도, 부하 직원도 없었다. 마주치는 회사 직원들에게 의례적인 인사만 했을 뿐이다.

설상가상으로 또 다른 시련이 닥쳤다. 비자금 조성 혐의로 검찰에 긴급 체포된 것이다. 검사 5명과 수사진 60명이 투입된 대규모

압수수색에서 3백억 원대의 비자금이 드러났다. 검찰은 정치권 인사의 불법자금 수수를 추적하기 시작했다. 대검 중수부와 서울 중앙지검을 번갈아 가며 출퇴근 조사를 받았다. 대통령 측근에게 넘어간 돈에 대해서도 추궁을 당했다.

이후 다시 검찰 소환조사를 받았다. 이번에는 비자금이 아니라 대통령 형님에 대한 인사 청탁 로비 관련 조사였다. 사장 자리에서 밀려나니까 점점 더 궁지에 몰리는 것 같았다. 이전에 있었던 문제들은 자꾸 불거지는데 제대로 손을 쓸 수가 없었다. 외롭고도 괴로웠을 것이다.

이런 어려움 속에서도 풀리지 않는 의문은 '왜 사장에 연임되지 않았는가'였다. 검찰 조사를 받으면서도 이 의문은 머리를 떠나지 않았다. 경영 실적은 최고였고, 워크아웃도 끝나 회사를 키울 일만 남았었다. 회사 발전을 위한 장기 계획도 세워 놓았다. 그런데 연임에 왜 실패했는지 이유를 아는 사람은 주변에 아무도 없었다.

이제야 그 이유를 알게 됐다. 대통령이 막았던 것이다. 회사는 민간 기업이었지만, 워크아웃 상태라 공적자금 1조 6천억 원이나 투입됐고 이 자금의 일부는 회사의 자본금으로 전환됐다. 공적자금이 투입된 회사를 관리하는 정부기관인 자산관리공사가 최대 주주가 되면서 사장 선임권은 자산관리공사 사장이 갖게 됐다. 결국 정부가 사장 선임을 결정하는 구도였다. 이런 형편에서 대통령이 손을 썼으니 연임은 물 건너간 것이었다.

좋은 학교 나오고 크게 성공한 분이

대통령의 회견은 종반부로 넘어가고 있었다. 시종 허심탄회하게 진행되는 듯했지만, 돈을 준 사람은 얼굴을 들지도 못하게 하면서 돈을 받은 측근들은 감싸고 돈다는 인상을 주고 있었다. 대통령이 가족과 측근 변호사로 보인다는 비난이 나올 정도였다.

너무 직설적인 어법도 문제였다. 인간적으로 모욕을 주는 것도 서슴지 않았다. 인사 청탁 비리 기업인으로 공개했던 사람에게 마지막 일격을 가했다. 정중했지만 당사자의 위치와 입장은 조금도 생각하지 않은 말이었다.

"여러 가지 의혹에 많이 시달리고 있습니다. 좀 도와주시기 바랍니다. 형님은 아무런 힘이 없습니다. 대통령에게 아무런 영향력도 행사할 수 없습니다. 가만 좀 내버려두면 좋겠습니다. 어떤 청탁도 성공하지 못할 것입니다. 좋은 학교 나오고 크게 성공한 분들이 시골에 있는 별 볼일 없는 사람에게 가서 머리 조아리고 돈 주는 일은 이제 없었으면 좋겠습니다."

좋은 학교 나오고 크게 성공했으나 시골의 별 볼일 없는 사람에게 머리 조아리고 돈을 준 전직 건설사 사장은 파를 뒤집어쓴 듯한 수치와 모멸감을 느꼈을 것이다. 참담하고 또 부끄러웠을 것이다. 이러한 충격은 자존심과 책임감이 클수록 비례해 더 커지게 마련이다. 아내와 아들이 보는 앞에서 만천하에 발가벗겨지는 치부. 그 아버지가 할 수 있는 선택은 그리 많지 않았을 것이다.

총선으로 재신임 묻겠다

모욕을 당한 전직 사장이 엄청난 충격에 빠져 감정을 숨기느라 안간힘을 쓰고 있는데, 대통령은 마지막 승부수를 띄웠다. 이날 회견의 가장 큰 목적인 총선과 대통령 재신임 연계였다. 국민에게 사과하고 탄핵을 철회하도록 하려는 기자회견이 아니었다. 오히려 야당을 자극해 탄핵을 의결하도록 부추기는 내용이었다.

"제 결론은 총선 결과를 존중해서 총선에서 나타난 국민들의 뜻을 심판으로 받아들이고 그 결과에 상응하는 정치적 결단을 하겠다는 것입니다. 결단의 내용과 절차는 오늘 말씀드리기에는 너무 중대한 문제여서 입당을 한다든지 입당을 안 한다든지 그런 건 또 다른 계기에 소상하게 말씀드리겠습니다. 이미 마음의 방향은 대개 서 있습니다. 그러나 말씀은 그때 드리도록 하겠습니다.

왜 그렇게 하느냐면 다른 방법이 없습니다. 국민투표가 좋을 것이라고 생각했는데 그것은 이미 좌절됐습니다. 또다시 그 카드를 끄집어낼 수 없습니다. 그냥 넘어갈 수도 없습니다. 현실적으로 갈등과 혼란을 매듭짓고 정국을 안정시킬 수 있는 방안은 그것이라고 생각합니다. 그렇게 해나가겠습니다.

국민 여러분, 저에게 허물과 잘못이 있는 만큼 바른 자세로 더욱 열심히 노력해서 보상하도록 하겠습니다. 몇 배 더 성실히 보상하겠습니다. 그리고 한국의 정치수준이 노무현처럼 선거과정에서 또는 그 이후에 과오와 허물이 있어서 '떳떳지 못한 사람을 그 자리에 두기에는 곤란하다'고 국민이 인식할 때 언제든지 결단을 내리겠습니다. 일단 이번 총선에서 판단을 해주기 바랍니다. 감사합니다."

17대 총선을 대통령의 재신임을 묻는 국민투표로 만들겠다는 말이었다. 총선 전략의 하이라이트였다. 총선 결과에 따라 대통령 하야 여부가 결정되므로 총선은 사실상 제2의 대선이 되는 셈이었다. 대통령을 중심으로 편이 갈리고, 헌정 중단과 국정 안정이라는 대결 구도까지 여론이 나뉘게 됐다.

대통령은 '탄핵 반대' 여론이 압도적이라는 것을 이미 알고 있었다. 야당이 탄핵안을 가결시키면 국민들이 모두 내 편으로 돌아설 것이라고 확신하고 기자회견에서 초강수를 띄운 것 같았다. 혹시나 하고 '대통령의 진솔한 사과'를 기대했던 야당들은 격앙됐다. 탄핵에 부정적인 생각을 갖고 있던 야당의 소장파 의원들도 대통령 기자회견 직후 탄핵 찬성 쪽으로 서서히 옮겨가고 있었다.

총선과 재신임을 연결하면 탄핵 문제까지 해결할 수 있었다. 총선에서 재신임에 성공하면 헌법재판소가 탄핵을 결정할 수 없을 것이고, 재신임이 실패하면 탄핵과 관계없이 대통령직을 떠나야 하기 때문이다.

수치와 분노 사이에서

회견은 기자 질문에 대한 대답과 마무리 발언으로 한 시간 넘게 계속됐지만, 공개 비난을 받았던 전직 건설사 사장은 수치와 분노에 떨고 있었다. 자리를 모면하고 달아나고 싶다는 충동에 휩싸여 서둘러 옷을 걸쳐 입고 회사 사람을 만나야 한다면서 아내에게 승용차 열쇠를 달라고 했다. 부인이 참담한 남편의 표정을 보며 걱정이 되어서 함께 나가자고 했지만 거절하고 직접 차를 몰고 나갔다.

평생을 책임지며 살아왔고 누구에게도 뒤지지 않을 노력으로 망해 가는 회사를 살려낸 사람의 자존심 크기가 어느 정도인지 짐작하기는 어렵지 않다. 아찔한 순간이 지나고 이어서 분노가 치밀었을 것이다. 아무리 대통령이라고 해도 이럴 수가 있는가. 그 죄가 얼마나 크고 용서할 수 없는 것이기에 한 마디 변명조차 못하고 이렇게 일방적으로 당하는 것에 억울한 심정을 가누기가 힘들었을 것이다.

집을 나와 한강변에 차를 세우고 어떤 생각을 했을까. 전 국민이 보는 앞에서 최악의 모욕을 당하고도 아무것도 할 수 없는 무력감을 견딜 수 없었을 것이다. 벌거벗은 자신의 추한 모습이 백일하에 드러나 누구보다 가족들에게 부끄럽고 미안했을 것이다.

최악의 상태에 몰린 회사를 기사회생시킨 것이 불과 몇 달 전이었다. 매출 최고의 회사를 만들고 훈장까지 받았다. 당연히 사장으로 다시 연임될 줄 알았다. 그러나 채권단은 사장을 갈아치웠다. 건설업의 생리상 비리를 캐면 당할 수가 없다. 헤쳐 나갈 길이 있는가.

회견에서 보여 준 대통령을 상대해서는 방법이 없다고 생각했을 것이다. 모두 주시하고 있는데도 한 번에 내치는 대통령에게 무엇을 기대할 수 있었겠는가.

왜 그런 청탁을 했는가. 자책과 후회가 꼬리를 물었을 것이다. 대통령의 품성을 익히 알고 있었지 않은가. 솔직하고, 타협을 모르고, 정의에 넘치는 투사임을 이미 알고 있었지 않은가. 청탁이 가능한 상대가 아님을 왜 처음부터 계산하지 못했던가. 이권 싸움이 가장 치열한 건설업에서, 그것도 최고의 건설회사 사장을 지냈다는 사람이 청탁 상대가 어떤 사람이라는 것을 예측하지 못했다는 자책이 컸을 것이다.

하지만 이 정도인지는 몰랐을 것이다. 만인이 보는 앞에서 자리 보전을 위해 수단과 방법을 가리지 않는 저질 비리 사범으로 고발당할 줄은 정말 꿈에도 몰랐을 것이다. 방송을 통해 공개 심판을 받을 줄은 더더욱 알 수 없었을 것이다.

극도의 자책과 함께 헤어날 길을 필사적으로 찾았을 것이다. 청탁이 이루어지지 않았으니 최악의 국면은 아니라고 몇 번이나 고쳐 생각했을 것이다. 인사 청탁을 하지 않는 사람이 과연 몇이나 되겠는가 하고 스스로 변명도 했을 것이다.

짧은 시간 동안이었지만 지난 세월이 파노라마처럼 스쳐갔을 것이다. 그동안 기록한 업적도, 누렸던 영광도 아무 소용이 없었다. 정치인들과 접촉했던 지난날이 후회스럽고 자부심도 흔들렸을 것이다. 형편없는 인간으로 전락하고 있는 자신을 주체할 수 없었을 것이다. 참담한 기분 속에서 줄기차게 괴롭히는 것은 부끄러움이었을 것이다. 권력자의 형에게 머리를 조아리고 비루하게 자리를 부탁했다는 부끄러움. 그 사실이 만천하에 공개돼 이제는 더 이상 어떻게 할 수 없다는 낭패감.

자신을 알고 있는 주변 사람들을 떠올리고 부끄러움은 더 커졌을 것이다. 가족들에게 미안하고, 특히 아들에게 볼 낯이 없었을 것이다. 앞으로는 고개를 들고 다니기 힘들 것이고, 청탁 비리 기업인이라는 꼬리표가 붙어 다닐 것이라고 비관했을 것이다. 비자금 문제는 두고두고 괴롭힐 것이 뻔하고, 자리도 힘도 없는 처지니까 일방적으로 당할 수밖에 없다.

한강에 몸을 던진 결정적인 이유는 알 길이 없다. 개인적인 감정과 결단을 일반화할 수 없고, 스스로 목숨을 버리는 극단적 선택을 한 이유를 추측한다는 것 자체가 잘못된 일이기 때문이다. 그러나 불과 한 시간 전에 일어난 최악의 봉변이 극단적 행동으로 옮기는 데 결정적인 역할을 한 것은 분명하다. 한 시간 정도로는 흥분이 가라앉지 않는 이유에서다. 그 괴로움이 어느 정도인지 알 길이 없지만 그는 마침내 한강에 뛰어들고 말았다.

대통령 직무정지

대통령 회견에서 청탁 비리 사범으로 낙인찍힌 건설사 사장이 극단적인 선택을 했다는 충격적인 사실이 알려지면서 시한이 하루 앞으로 다가온 탄핵 투표를 가결 분위기로 몰아갔다.

"대통령 입이 결국 사람을 죽였다."

"친형을 감싸기 위해 능력 있는 전문 경영인을 국민 앞에서 모욕적인 언사로 깎아내리면 누군들 살고 싶겠느냐."

"과오가 정리되어 가는 과정이라 해도 피해가 너무 크다."

한나라당·민주당은 물론 자민련·무소속 의원까지 가세해 탄핵 가결 쪽으로 의견을 모았다. 탄핵소추안 처리 시한을 하루 앞둔 밤, 여당은 국회 본회의장을 사흘째 점거해 표결을 원천봉쇄했고, 야당은 대통령 기자회견과 건설사 사장의 한강 투신 이후 더욱 강경해진 탄핵 기류로 가결 의지를 다졌다.

열린우리당 의원들이 의장석을 점거하고 의사진행을 계속 방해하자 국회의장은 다음날 오전 10시에 본회의를 열겠다고 밝히고, 의장석을 비우지 않으면 경호권을 발동하겠다고 경고했다. 여당은 단상을 점거하고, 야당 의원들은 예결위 회의장에서 밤새 대치 농성을 벌였다. 대통령 탄핵을 놓고 국회가 농성을 벌이는, 정말 어처구니없는 사태가 벌어진 2004년 대한민국의 봄이었다.

탄핵 가결 처리 시한인 다음날 오전 11시, 야당 의원들은 국회 본회의장에 들어가 여당 의원들이 점거하고 있는 의장석 주변을 에워쌌다. 국회의장이 의장석으로 접근하면서 본격적인 몸싸움이 시작됐다. 1차 시도가 실패하자 국회의장은 질서유지권을 발동해 국회 경위들이 2인 1조로 점거 의원들을 의장석 밖으로 끌어냈다. 야당 의원들도 합세해 여당 의원들을 밀어냈고 여당 의원들은 끌려 나가면서 쿠데타라고 소리를 질렀다.

20분이 지난 11시 20분쯤, 결국 국회의장이 의장석에 앉았고 개회를 선언했다. 야당 의원들은 박수로 환영했고, 여당 의원들은 곳곳에서 눈물을 흘리고 고함을 지르면서 저항했다. 그러나 투표를 막지는 못했다.

국회의장은 11시 51분 투표를 종료하고 개표 개시를 선언했다. 개표가 진행되는 동안 여당 의원들은 애국가를 불렀다. 11시 57분 드디어 대통령 탄핵소추안 가결이 선포됐다. 투표한 의원은 재적의원 3분의 2보다 14명이 많은 195명이었다.

대통령을 쫓아내는 엄청난 결정을 한 국회. 그러나 그 품위는 여지없이 바닥으로 추락하고 있었다. 개회 선언에서 가결 선포까지 55분 동안 국회는 난장판이었다. 국가 최고 의결기관인 국회의원들의 모습이라고 믿을 수가 없었다. 고함에, 몸싸움에, 울부짖음에, 아수라장이었다. 현장의 난리판을 TV로 지켜본 국민들은 참담했다.

자신들을 뽑아 준 국민들의 눈을 생각했다면 이런 모습을 보일 수가 없었다. 최소한의 품위는 지켜야 할 의무가 있었다. 모든 것을 믿고 맡긴 유권자들을 배신하는 행태였다. 여야를 가리지 않고 원색적인 행동으로 자신들의 주장이 옳다는 것을 선동하는 모습은 민망하기 그지없었다.

탄핵이 가결되자 한나라당 의원들은 일제히 박수를 치며 기뻐했다. 그러나 본회의장을 빠져나오면서부터 벌써 불안한 표정이 역력했다. 앞으로 닥칠 탄핵 역풍을 걱정했던 탓이었다. 새로 시작한다는 각오로 모든 힘을 국정 불안 해소에 집중하기로 의견을 모은 것도 이런 불안 때문이었다. 민주당도 서로 수고했다며 격려했지만 환호하는 분위기는 아니었다. 민주주의의 승리라며 목소리를 높이면서도 향후 정국 수습에 만전을 기하기로 당론을 모았다. 탄핵 역풍 위기감을 느끼고 있었던 것이다.

탄핵 가결을 온몸으로 막았던 여당 의원 42명은 '3·12 의회 쿠데타'라는 성명을 발표하고 의원직 총사퇴를 결의했다. 탄핵 가결 효력정지 가처분 신청 등 법률적 대응과 함께 친대통령 시민단체 총동원령을 내리고 규탄 집회를 열기로 하는 등 수단과 방법을 가리지 않고 탄핵 반대를 밀고 나가기로 결정했다.

국회의사당 바깥에서도 마찬가지였다. 지지 세력이 양분돼 극한으로 대립하면서 나라가 두 개로 쪼개진 듯했다. 탄핵 지지자들은 탄핵안이 통과됐다는 소식이 나오자 서로 부둥켜안고 기쁨의 눈물을 흘렸으며 "정의가 살아 있음이 확인됐다", "나라를 혼란과 불안에 빠뜨린 대통령이 심판을 받은 것"이라며 만세를 불렀다.

반면 탄핵 반대자들은 욕설과 울음으로 얼룩진 채 "대통령 탄핵은 민주주의를 가장한 폭거"라며 격렬하게 항의했다. 친대통령 시민단체 등 1만 2천여 명은 "6월 항쟁의 물결을 일으켜 끝내 승리하자" 는 구호를 외치며 국회의사당 맞은편에서 밤늦게까지 촛불 시위를 벌였다.

여론조사에서는 탄핵 가결이 잘못됐다는 반응이 68%를 넘었다. 잘했다는 반응은 그 절반에도 미치지 못했다. 뭐가 맞고 틀리느냐보다 더 이상 혼란은 안 되겠다는 뜻이었다. 이와 함께 쫓겨나는 대통령이 불쌍하다는 한국 사람 특유의 정서도 큰 몫을 하고 있었다. 약자를 응원하는 심리 때문에 탄핵 사태의 책임도 대통령보다 야당에게 있다는 응답이 두 배 이상 많았다. 탄핵 가결을 주도한 한나라당과 민주당은 이미 상당한 타격을 입고 있었다.

대한민국 대통령의 탄핵이 국회에서 가결됐다는 긴급 뉴스가 전 세계로 전파되고 있는 가운데 국회 법사위원장이 탄핵 의결서 정본을 헌법재판소에 제출하면서 헌법재판소의 탄핵 절차가 시작됐다. 동시에 의결서 사본이 대통령에게 전달됐다.

그 순간부터 헌법재판소 결정이 내려질 때까지 대통령 권한은 정지되고 국무총리가 직무를 대행하게 됐다. 탄핵의결서를 제출받은 헌법재판소는 180일 이내에 전원재판부를 열고 탄핵안을 심리할 예정이었다. 9명의 재판관 가운데 6명 이상이 찬성하면 대통령은 파면된다.

그러나 탄핵 비난 여론은 시간이 갈수록 더 확산되고 있었다. 광주, 전라 지역에서는 탄핵에 대한 야당 책임이 70% 가까이 나타나 야당의 입지가 더욱 좁아지고 있었다. 한 달 앞으로 다가온 총선의 여론조사에서는 여당인 열린우리당이 전 지역, 전 연령층에서 압도적인 지지율 1위를 달리기 시작했다. 한나라당이 부동의 1위를 차지하고 있던 영남 지역에서도 1위로 부상했다. 충청 지역에서도 열린우리당의 우세가 더욱 강화되고 있었다.

특히 주목할 점은 무응답층이 현저히 줄어들고 있는 현상이었다. 이 때문에 야당의 지지율 하락보다 열린우리당 상승이 10배 가까이 높았다. 지지하는 당을 바꾼 것이 아니라 부동층이 여당 지지로 돌아선 결과였다. 50대 이상 유권자층에서도 격차가 30% 이상 벌어졌다. 선거를 불과 한 달 앞둔 시점에서 이렇게 지지율 차이가 벌어진 것은 유례가 없는 일이었다.

대통령이 희망했던 대로 여론이 움직이고 있었다. 특히 대통령 탄핵에 반대하는 국민이 70%나 됐는데도 대통령 국정 수행을 지지하는 사람은 고작 30%였다. 야당이 더 밉다는 의사 표시였다. 싫어서, 미워서 선택하는 정말 걱정되는 상황이었다. 한나라당과 민주당은 점점 더 궁지에 몰렸다.

열하루 만에 시신 발견

탄핵 정국이 총선 정국으로 옮겨가고 있던 3월 23일 한강에 투신했던 건설사 사장의 시신이 한남대교 교각에서 100미터 정도 떨어진 하류에서 강바닥에 엎드린 채로 발견됐다. 수색에 나선 지 열하루 만이었다. 물이 흐리고 모래가 두껍게 쌓여 있는 데다 수중 소용돌이까지 생겨 경찰은 시신을 찾는 데 애를 먹었다.

서울대병원 장례식장에 분향소가 마련돼 회사장으로 치러졌지만 정치인들의 조문은 받지 않았다. 고인의 죽음이 정치적으로 이용돼서는 안 된다는 유족측 결정 때문이었다. 외부에서 보내는 조화도 일절 받지 않았다. 남편의 시신이 발견된 현장에서 오열하며 실신했던 부인은 영정 앞에서 108배를 하면서 남편의 극락왕생을 빌었다.

이날 저녁 30여 개 시민단체들은 종로2가에 모여 죽음을 선택할 수밖에 없었던 고인의 명복을 빌며 침묵 촛불 기도회를 가졌다. 이들은 대통령의 공식 사과가 있을 때까지 매일 같은 시각에 기도회를 열겠다고 선언했다. 그러나 이후 대통령의 공식 사과는 나오지 않았다.

가혹한 국민 심판

이런 복잡한 와중에서 17대 총선일인 4월 15일이 밝았다. 60%가 넘는 높은 투표율을 기록한 가운데, 탄핵을 심판하자는 분위기가 전국 곳곳에서 감지됐다. 투표가 끝난 직후 출구조사 내용이 발표되는 순간 국민들은 놀랐다. 예상은 했지만, 열린우리당의 빛나는 승리였다. 지역구 129석, 비례대표 23석, 총 152석을 얻어 과반수 확보. 탄핵 역풍이 빚어낸 결과였다.

47석에 불과했던 열린우리당의 의석수가 3배 이상 늘어나 혁명적 변화가 예고됐다. 16년 만의 여대야소 정국이 열리고, 보수 중심이었던 국회의 주류가 완전히 뒤바뀌게 되었기 때문이다. 탄핵을 당한 대통령의 총선과 재신임 연계 전략이 보기 좋게 성공한 것이다. 언론의 역할도 컸다. 여론의 동향을 그때그때 보도하면서 탄핵 비판 여론을 정착시켰다. 특히 탄핵과 관련한 주요 사안을 실시간으로 중계한 방송이 결과적으로 더 큰 역할을 한 것으로 나타났다.

실패를 예상은 했지만 한나라당은 무려 24석이나 줄어들었다. '차뗴기' 의혹에다 탄핵 역풍이 겹쳐 당의 존립가저 흔들리는 상황에서 개헌저지선인 100석을 넘겨서 큰 다행이었지만, 탄핵 정국의 피해는 컸다. 민주당은 참혹했다. 62석이었던 의석이 고작 9석에 그쳐 원내교섭단체 구성에도 실패했다. 몰락의 길에 들어섰다는 위기감에 휩싸였다. 정당 명부 투표에서 많은 표를 얻은 진보 정당 민주노동당이 10석을 얻어 민주당을 밀어내고 제3당으로 올라섰다.

당선자의 70%가 기존 의원이 아닌 정치 신인들로 물갈이됐다. 탄핵 정국의 진흙탕 싸움으로 기존 정치에 대한 실망이 극대화되면서 새 사람을 열망하게 만든 결과였다. 개혁적이고 진보적인 정치가 자리를 잡을 것으로 예상됐다.

한나라당의 수도권 골락과 정치 신인들의 대거 진출. 탄핵 발의 때 소장파 의원들이 탄핵 반대 이유로 들었던 이 두 가지가 그대로 맞아떨어졌다. 야당들은 소장파 의원들의 말대로 탄핵안을 발의하지 말고 총선에서 대통령의 잘못을 부각시켜 심판하는 전략으로 갔더라면 하고 크게 후회했다. 엎질러진 물이었다. 무엇보다도 탄핵 폭풍의 주역들이 줄줄이 낙선했다. 탄핵 당시 한나라당과 민주당의 최고 지도부가 거의 전부 낙선했다. 탄핵 정국을 만든 데 대한 국민의 심판은 가혹했다.

그러나 이런 결과가 나온 진짜 이유는 두 가지였다.

첫 번째는 대통령의 전략에 말려든 것이다. 야당에서 탄핵 움직임이 있을 때부터 대통령은 정면돌파 의지를 갖고 있었다. 잘못했으니까 사과하라는 야당의 주장은 아예 고려 대상이 아니었다. 사과하면 좋지 않은 선례를 남기게 된다는 말도 정치적 수사에 불과했다. 오히려 야당을 자극해 대통령을 탄핵하도록 유도한 측면이 강했다. 특별기자회견까지 열고 국민이 보는 앞에서 탄핵 사유를 조목조목 반박하고 해명하면서 야당을 자극했다. 대통령은 어느 누구보다도 여론을 정확하게 읽고 있었다.

두 번째는 건설사 사장의 투신자살이다. 만약 그 비극적인 사건이 일어나지 않았다면, 그것도 국회의 탄핵 투표 전날 일어나지 않았다면, 탄핵소추안이 국회에서 가결되기는 힘들었을 것이다. 여당의 필사적인 제지를 뚫고 재적의원 3분의 2나 되는 의원들을 포섭하는 일은 당시 상황에서는 거의 불가능했다. 탄핵 역풍을 정확히 예측하고 있었던 젊은 의원들을 설득하는 것은 더욱 어려웠을 것이다.

"열린우리당이 표를 얻을 수만 있다면 합법적인 모든 것을 다 하고 싶다"고 했던 대통령은 비리 기업인으로 공개 거론한 사람의 한강 투신으로 탄핵이 가결되고 그것을 밑천으로 선거에서 압승했다. 아이러니였다.

전직 건설사 사장의 죽음 때문에라도 여당은 2004 총선의 압승을 놓고 환호하고 박수치고 자화자찬해서는 절대 안 될 일이었다. 그 죽음을 애도하고 사과해야 했다. 더구나 국민을 결집시킨 것은 긍정이 아니고 부정이었고, 미움이었다. 좋아서 한편이 된 것이 아니라 싫어서, 미워서 한편이 된 것이다. 증오의 힘을 한데 결집시켰다는 점에서 총선 승리를 반성해야 했다. 그것이 밤낮없이 마음을 끓였던 국민에 대한 최소한의 도리였다.

탄핵 사유 안 된다

총선 한 달 뒤 헌법재판소는 예상대로 대통령 탄핵소추를 기각했다. 대통령은 직무정지 63일 만에 업무에 복귀했다. 헌법재판소는 국회가 제기한 세 가지 탄핵 사유 가운데 첫 번째 선거법 위반에 대해서는 대통령이 법을 위반한 사실은 인정되지만, 대통령직을 파면시킬 만큼 중대한 이유가 되지는 않는다고 판단했다. 두 번째 측근 비리 역시 탄핵 사유에 해당하지 않는 것으로 판결했고, 세 번째 국정혼란과 경제파탄 부분은 사법적 판단의 대상이 되지 않는다며 사실상 각하 결정을 내렸다.

헌법재판소는 대통령 탄핵 심판에 대한 개별 재판관들의 찬반 의견은 공개하지 않았다. 다만 재판관들은 결정 과정에 정치적 판단이나 고려는 전혀 하지 않았다고 밝혔다.

헌법재판소의 결정이 내려졌는데도 여전히 시민들의 반응은 엇갈렸다. 찬성 쪽에서는 "우리가 이겼다. 오늘 대통령을 찾았다"고 환호했고, 반대쪽에서는 "기각 결정을 한 헌법재판소는 자폭하라"며 막말을 쏟아냈다. 여전히 두 편으로 갈라선 사람들은 서로에게 강한 적대감을 드러내고 있었다. 그러나 80%가 넘는 국민이 기각 결정을 찬성했다. 이 정도 선에서 매듭지은 것을 국민들은 다행으로 생각하고 있었다.

헌법재판소의 기각 결정이 내려진 다음날 대통령은 대국민 담화를 발표하고, 지난 두 달간 국민들의 걱정은 모두 자신의 부족함에서 비롯됐다며 사과했다.

"대통령 임기를 마치는 그날까지 저는 저의 이 허물을 결코 잊지 않고 항상 자신을 경계하는 회초리로 간직하고 가겠습니다."

대통령은 앞으로 정치개혁은 국회에 맡기고 국정을 안정적으로 관리하는 데만 전념하겠다고 밝히고, 상생과 화합의 정치도 다짐했다. 이렇게 해서 두 달 동안 나라를 혼란의 도가니로 몰아넣었던 대통령 탄핵 사건은 마무리됐다.

업무상 재해 아니다

한강에 투신했던 전직 건설사 사장의 부인은 이듬해 5월, 남편의 사망은 업무상 재해라며 유족 급여와 장례비를 지급해 달라고 행정법원에 소송을 냈다. 1년 동안 마음고생을 한 뒤였다. 부인은 남편이 비자금 조성 문제로 수사를 받은 것은 회사 상임고문의 업무에 수반되는 것이므로 남편의 사망은 업무상 재해에 해당한다고 주장했다. 검찰 수사로 극심한 스트레스에 시달리던 중 대통령 기자회견에서 자신의 문제가 언급되자 자제력을 잃고 자살에 이르게 된 것이라고 말했다.

그러나 법원은 업무상 재해로 받아들이지 않았다. 부인의 억울하고 애타는 심정에도 불구하고 남편의 자살이 산업재해 보상을 받을 수 있는 업무로 볼 수 없다며 청구를 기각했다.

판결문 요지

비자금을 조성해 그 일부를 정치자금으로 불법 제공하고, 대통령의 친형에게 사장 연임 청탁 명목으로 금품을 제공한 혐의로 검찰 조사를 받으면서 심적 고통을 받았을 것으로 추측되고, 이러한 심적 고통이 사회적 지위, 성격으로 인하여 쉽게 해소되지 못하고 있는 상태에서 자신의 혐의가 대통령에 의하여 공개적으로 언급된 것이 자살에 이르게 된 하나의 원인으로 보인다.

그러나 회사의 대표이사로 재직하면서 검찰 조사를 받은 행위를 가리켜 산업재해보상법상 근로자로서 업무를 수행했다거나 그에 수반하는 행위를 한 것이라고 평가하기 어렵다. 또 자살할 당시 심신 상실이나 정신착란 상태에 빠졌다거나 정신적 억제력이 현저히 저하된 상태에서 자살에 이르게 된 것이라고 보기 어려우므로 원고의 청구는 기각한다.

검찰 조사를 받으면서 당한 고통과 대통령의 공개 비난이 자살 이유라는 점은 재판부도 인정했다. 그러나 비자금 조성이나 청탁 명목의 금품 제공은 불법이므로 그로 인한 검찰 조사는 통상적인 회사 업무와는 관련이 적다고 판단했다. 또, 정상적인 정신 상태로 자살을 결행한 것으로 보이기 때문에 업무상 재해로 인정할 수 없다는 판결이었다.

사회가, 정부가, 그것도 대통령이 가장을 죽음으로 몰고 갔다고 생각하는 유족 입장에서는 받아들이기 힘든 결정이었지만, 더 이상 방법이 없었다. 고인의 명예를 조금이라도 회복시켰으면 했던 마지막 기회도 사라졌다.

5
현대차, 염치를 배우다

2006년

사면초가의 현대자동차

2006년 현대자동차의 출발은 어두웠다. 가파른 하락세를 보이던 원-달러 환율이 새해 들어서면서 1000원선이 무너졌다. 환율이 10원 떨어질 때마다 2천억 원 안팎의 대출 손실이 발생하는 현대차는 비상이었다. 그것도 앞으로 얼마나 더 떨어질지 가늠할 수가 없었다. 국제 유가도 급등세로 출발했다. 배럴당 50달러를 넘어 위기 상황이었다. 그러나 현대차는 내실 경영을 다지면서 글로벌 경영 체제를 키워 코앞에 닥친 난관을 헤쳐 나가기로 결정했다.

수출 비중이 96%에 달하기 때문에 환율·유가·원자저 등 세계의 경제 변화에 적극적으로 대응하면서 효율적인 내실 경영을 이끌어 나갈 조직이 필요했다. 매일 환율 대책 회의를 열고 비상경영 체제로 돌입했다. 위기를 기회로 삼아 세계 5위의 자동차 메이커로 자리를 잡겠다는 야심찬 계획도 발표했다. 체코 공장을 건설하고, 미국 앨라배마 공장과 인도 공장을 증설해서 해외 생산량을 두 배로 늘려 독일 폭스바겐을 제치고 세계 5위 자동차 메이커로 진입하겠다는 내용이었다.

회사가 조직 개편을 단행하는 사이 노조도 도덕성 회복 행동강령을 마련했다. 조합 간부가 취업비리에 연루돼 도덕성에 타격을 입은 노조의 자구책이었다. 노조 간부의 특권을 포기하고 이권 개입과 향응 제공을 배척하는 것이 주요 내용이었다.

2월 말에는 과장급 이상 임직원들이 자발적으로 임금동결을 선언했다. 일본 도요타 자동차가 매년 10조 원 이상의 영업이익을 올리고 있는데도 2001년 이후 노조가 주도해 4년 연속 임금을 동결한 것에 자극받은 것이었다. 하지만 노조는 의도적인 임금동결 선언에 공감할 수 없다고 지적하고, 임금·단체 협상에 전혀 영향받지 않을 것이라고 선언했다.

회사는 국내 자동차 업계 위기 상황 보고서를 만들어 공개했다. 회사의 어려움을 알리려는 목적이었다. 노조는 이것도 비난했다. 비용 상승과 임금 억제가 주요 내용이었기 때문이다. 회사의 어려움을 홍보하지 말고 확장 경영부터 재고하라고 경고했다. 업계에서도 현대차의 캠페인성 비상경영을 우려했다. 임금상승은 억제하면서 해외투자를 확대하는 것은 이율배반적이었다. 해외에서 자동차를 만들어 국내 근로자를 줄이겠다는 계산이 아닌가. 국내 근로자는 임금이 높고, 툭하면 파업이니 해외에서 자동차를 만들겠다는 해외투자 확대에 대해 노조는 반발하지 않을 수 없었다.

되살아나는 파업의 악몽

어렵게 한 해를 시작하고 있는 현대차에서 파업의 악몽이 되살아나고 있었다. 국회 환경노동위원회가 질서유지권까지 발동해 비정규직 법안을 2월 말 전격 통과시켰기 때문이었다.

노동계와 재계 모두 반대했다. 노동계는 계약 근로자의 2년 근무 후 무기한 근로 계약 조항은 마치 2년이 지나면 정규직이 될 수 있는 것처럼 보이지만, 실제로는 2년 이내에 얼마든지 해고할 수 있기 때문에 23개월짜리 근로자가 속출할 것이라고 반발했다. 반면 재계는 2년마다 인력을 새로 뽑는 것은 현실적으로 매우 어렵다고 비판했다.

민주노총은 법안이 통과된 다음날 즉시 파업에 돌입했다. 현대차 노조 역시 민주노총의 지침에 따라 주·야간 근무자들이 16시간 동안 파업을 벌였다. 그 다음날은 철도 노조까지 가세해 파업을 이어 갔다.

이런 가운데 더 큰 위기가 닥쳤다. 현 정부 인사들에 대한 로비 자금으로 현대차 비자금이 사용된 단서를 잡고 검찰이 본격 수사에 나선 것이다. 검찰은 수사관 100명을 투입해 현대차 그룹 본부와 경기도 이천의 글로비스 사무실을 압수수색했다. 검찰이 수백억대의 비자금을 조성하고 사용한 단서를 잡으면서 정치권과 재계에 적지 않은 파장이 예상되고 있었다. 이후 석 달간 현대차는 비자금 악몽에 시달렸다.

그러나 노조는 검찰 수사가 한창 진행되고 있던 4월 21일 또 파업을 벌였다. 비정규직 법안이 국회 본회의에 상정된 것에 항의하는 민주노총의 파업 지침에 따른 것이었다. 4시간 부분파업이었지만 생산 차질은 300억 원에 가까웠다. 사면초가의 현대차는 앞날이 어둡기만 했다. 법안이 국회 전문위원회를 통과했다고 파업, 본회의에 상정됐다고 파업, 정치파업은 꼬리를 물고 이어졌다. 여론은 현대차 노조에게서 점점 더 멀어지기만 했다. 일주일 뒤 정몽구 회장이 검찰에 구속됐다. 산 넘어 산이었다.

지지부진한 협상

현대차가 내우외환으로 신음하고 있는 가운데 5월 9일 노사는 첫 상견례를 갖고 2006년 임금과 단체협상을 시작했다. 이후 6월 13일 9차 협상까지 진행됐지만 진전을 보지 못하고 노조는 노동쟁의를 신청했다. 대의원 대회에서 파업이 결정되면 조합원 찬반투표를 거쳐 변함없이 파업이라는 홍역을 치를 참이었다.

당시는 독일월드컵에서 한국이 토고에 역전승하면서 월드컵 열기가 한껏 달아오르고 있었다. 하지만 월드컵 공식 후원사인 현대차는 회장 구속에다 노사 협상 결렬, 원화 강세로 인한 판매부진 등으로 고전에 고전을 거듭하고 있었다. 예상을 뛰어넘는 월드컵 인기로 100억 원대의 홍보 효과가 기대됐지만, 공식 후원사의 입지는 약해지고 있었다.

닷새 뒤 대의원 대회에서 쟁의 발생을 결의한 노조는 비난과 질책 속에서도 찬반투표를 실시하고 조합원 90% 투표에 찬성 80%로 파업을 가결했다. 높은 투표율에 높은 찬성률이었다.

그러나 현대차 노사의 협상은 근본적 문제를 안고 있었다. 파업이 눈앞에 다가올 때까지 놀랍게도 협상을 제대로 한 적이 없었다. 현대차 노사는 상견례 이후 40일 동안 아홉 차례나 교섭을 해오는 동안 사안별로 한 차례씩 노조 안을 듣고 회사 측이 입장을 밝혔을 뿐 본격적인 협상은 하지 않았다. 한심한 상황이었다. 노사가 파업을 서로 짜고 한다는 말이 나오는 것은 이 때문이었다. 노사 협상이 이런 식이라면 정말 심각했다. 심지어 산별노조 전환을 앞두고 '분위기'용으로 파업을 한다는 비판도 있었다.

울산과 포항의 뜨거운 여름

6월 26일 현대차 노조는 하루 두 시간씩 파업을 시작했다. 이른바 '여름 투쟁'이 시동을 건 것이었다. 울산 지역에는 전년도에 70일 넘게 파업을 벌여 노조원 900여 명이 사법 처리됐던 건설 플랜트 노조와 덤프연대가 7월 파업을 앞두고 있었고, 민주노총과 한국노총도 노사관계 선진화 방안과 한미 FTA 저지를 위해 대규모 노동자 대회를 준비하고 있었다.

울산 지역 주민들과 협력업체 직원들은 불안했다. 파업과 시위 규모가 더 커질 것 같았기 때문이었다. 파업 사흘째 정몽구 회장이 구속 수감 두 달 만에 병보석으로 풀려났다. 곧바로 병원에 입원한 정 회장은 20일 뒤 회사에 복귀했지만, 노사 협상은 진전이 없었고 파업은 연일 계속되었다.

이런 혼란 속에서도 현대차 노조는 산업별 노조로 전환하기 위한 찬반투표를 실시해 71.5% 찬성으로 가결했다. 기아차 노조와 GM 대우차 노조도 산별 노조로 전환해 조합원 수가 10만 명이 넘는 거대 노조인 금속노조 탄생이 가능하게 됐다.

7월 들어 울산 지역 건설 플랜트 노조가 파업에 가세했다. 덤프 연대도 곳곳에서 장외 집회를 열어 울산시 전체가 시위장으로 변하고 있었다. 도로는 시도 때도 없이 막혔고, 확성기 소리는 공해 수준이었다.

그런데도 민주노총은 한 술 더 떠 지역 노사 문제가 해결되지 않으면 100여 개 사업장이 총파업을 벌이겠다고 위협했다. 인근 포항에서도 파업이 시작됐다. 포스코에서 일하는 건설 노조가 주5일 근무제 등을 요구하다 협상이 결렬되자 파업에 돌입한 것이었다. 비교섭 대상인 원청 업체를 상대로 한 불법 파업이었다.

노조는 즉시 제철소 문을 봉쇄하고 출입자들을 검문했다. 대체

인력 투입을 막기 위해서였다. 포스코가 경찰에 공권력 투입을 요청하자 노조는 본사 건물을 점거했다. 포항 시민들은 노조가 포스코를 점령한 채 경찰과 대치하는 모습을 보고 파업을 중단하라는 범시민궐기대회를 열었다.

울산에서도 기업사랑범시민협의회가 파업 철회를 호소했으나 민주노총은 시민단체가 노동자를 미워하고 노동권 행사를 압박하고 있다며 백화점과 대형 마트에서 구매를 중단하는 '소비 파업'을 벌였다. 이름도 생소한 소비 파업은 지역 상인들에 대한 일종의 보복이었다. 2006년 7월 우리나라 대표적 산업도시 울산과 포항은 노조 파업으로 엄청나게 뜨거운 여름을 보내고 있었다. 상가와 식당가는 텅 비어 갔고, 화물이 끊긴 선적 부두는 프리만 날렸다.

현대차 노조는 회사를 더욱 압박하기 위해 7월 13일부터 판매에서 정비까지 전 부문에 걸쳐 파업을 확대, 사실상 전면 파업에 들어갔다. 여름휴가철을 맞은 소비자 불편도 아랑곳하지 않았다. 오전 근무만 시키고 직원들을 집으로 돌려보내는 4천여 개의 협력업체 사장들은 공장 가동을 못하는데도 직원 월급은 주어야 한다고 한숨짓고 있었다.

여름휴가에 맞춰 협상 타결

포항건설 노조가 포스코를 점거한 지 일주일 만에 더 버티지 못하고 자진 해산하면서 파업 열기가 누그러졌다. 현대차 협상도 상황이 조금씩 나아지고 있었다. 노조가 파업 수위를 낮추고 협상에 전력투구해 타결의 기대감을 높였다. 결국 파업 21일째 노사는 협상안에 잠정 합의했다. 상견례 이후 두 달 보름이 넘도록 지루하게 협상을 계속한 결과였다.

상처는 컸다. 현대차 손실 1조 3천억 원, 협력업체 손실 7800억 원. 그렇지만 노조는 기본급 기준 5.71% 임금 인상 외에 격려금과 성과급으로 통상 임금 150%와 200만 원을 챙겼다. 800만 원 정도 되는 돈이었다. 파업에 따른 1인당 평균 임금 손실은 140만에서 150만 원 정도였다. 파업으로 생긴 임금 손실을 격려금 등으로 보전하는 악순환이 변함없이 재현됐고 '무노동 무임금'은 있으나마나 한 규정이었다.

'일을 하지 않아도 손해가 없고, 오히려 더 많은 것을 얻어낼 수 있다.' 현대차 노조가 해마다 파업을 반복하는 이유였다. 그러나 파업으로 잔업과 특근을 못해서 임금이 반토막 난 협력업체 직원들의 입에서는 탄식이 저절로 터져 나왔다. 여름휴가에 맞춰 협상이 타결된 것에도 화가 치밀었다. 몇 달 동안 협상을 계속하면서 협력업체를 골병들이더니 현대차 여름휴가가 7월 31일부터 8월 4일까지로 잡히자 그 일정에 맞춰 협상에 합의한 노조가 원망스럽고 미웠다.

협상안에 합의한 뒤에는 회사에도 비난이 봇물을 이뤘다. 임금 손실보다 더 많은 돈을 주기로 한 회사 때문에 내년 파업도 이미 예약돼 있다는 말이 나오고 있었다. GM 대우의 7월 판매가 사상 처음으로 현대차를 앞질렀고, 7월 한국 수출도 7억 달러가 줄었다. 모두 현대차 파업 때문이었다. 그러나 현대차 노조원들은 미안한 기색도 없이 여름휴가를 떠났다.

사상 최대의 파업 손실

21일간의 장기 파업으로 임금 협상을 마무리한 현대차 노조는 석 달 만인 11월에 또다시 파업 찬반투표를 실시했다. 2006년 들어 여섯 번째 추진되는 것으로 한미 FTA 협상과 노사관계 선진화 방안 등의 입법 저지를 위한 민주노총의 파업이었다. 지역 주민들과 협력업체 직원들은 미칠 노릇이었다.

투표율이 너무 낮아서 찬반투표 기간을 열흘 이상 연장한 민주노총은 11월 15일 오후 4시간 경고 파업을 벌였다. 경고 파업은 또 무엇인가. 본 파업을 하기 전에 준비 체조를 하는 것인가. 소비 파업에 경고 파업까지 민주노총의 몰염치가 그저 놀라울 뿐이었다. 당연히 현대차 노조도 이 파업에 동참했다. 노조원들은 현대차가 민주노총의 총알받이냐고 분개했고 집행부에 대한 반감은 계속 커져갔다.

일주일 뒤 민주노총은 무기한 파업에 돌입했고 현대차 노조 역시 4시간 파업을 벌였다. 2006년 들어 일곱 번째 파업으로 파업 피해액은 1조 4500억 원을 넘어섰다. 여론은 차가웠다. "파업 소리만 들어도 이제는 소름이 끼친다"는 주민의 말은 이런 분위기를 대변했다.

정치 파업으로 몸살을 앓고 있는 가운데서도 현대차 노조가 주축이 된 34개 노조가 산별 노조로 전환해 14만여 명의 조합원을 거느린 금속노조가 11월 23일 공식 출범했다. 이제 개별 업체들은 거대 노조인 금속노조와 힘겨루기를 해야 할 판이었다. 정치 파업이 잇따를 것이 분명하고, 기업마다 이중교섭의 부담을 져야 할 상황이 다가오고 있었다.

11월 29일 현대차 노조는 또다시 4시간 부분파업에 돌입했다. 역시 민주노총의 총파업 결정에 따른 파업이었다. 이날 파업으로 현대차는 또다시 200억 원 가량의 생산 차질을 빚었다. 파업 손실은 계속 쌓여 갔다.

현대차 노조는 이후 노조 간부의 납품 비리로 도덕성에 큰 타격을 입고 집행부가 총사퇴하는 우여곡절을 겪었고, 12월 말에는 새해 벽두부터 회사를 뒤흔들 성과급 50% 삭감 문제가 투쟁 열기로 변해 이미 잔업과 특근을 거부하고 있었다.

2006년 한 해 동안 현대차 노조는 파업 일수 33일, 생산 손실 1조 6천억 원으로 노조가 결성된 이후 최대의 파업 손실을 기록했다.

2007년

아수라장으로 변한 시무식장

1월 3일 화요일. 현대자동차 울산 공장 문화회관에서 시무식이 열렸다. 임원과 관리직 사원 300여 명이 2007년 새해 첫 업무를 시작하는 마음의 준비를 하고 있었다. 바로 전날 "노사 화합으로 국민에게 신뢰받는 기업으로 거듭나자"고 강조한 정몽구 회장의 신년사가 발표된 터라 노사 화합이 시무식 주제가 될 상황이었다.

참석자들은 무려 33일간의 파업으로 1조 6천억 원이라는 사상 최대의 생산 손실을 입었던 지난해를 떠올리며 파업 없는 한 해가 되기를 마음속으로 빌고 있었다. 바깥에서 쏟아지는 비난을 감수하는 것도 이미 한계에 와 있었다. 공장 라인을 세우는 것을 보는 것도 더 이상 못 할 짓이었다. 그래서 시무식장은 희망과 축복보다는 불안과 각오가 짙게 깔려 있었다.

　그런데 갑자기 노조원 80여 명이 식장에 들이닥쳐 분말소화기 10여 대를 꺼내 들고 사방에 뿌리기 시작했다. 삽시간에 시무식장은 뿌연 가루로 뒤덮여 엉망이 됐다. 노조원들은 때마침 식장에 들어오던 윤여철 사장을 덮쳤다. 안경이 깨지고 얼굴과 허리를 다쳤다. 몇 분 사이에 아수라장으로 변한 시무식은 10분 만에 중단됐다.

　새해 벽두의 노조원 난동은 연말 성과급 삭감 때문이었다. 당초 150%를 주기로 하고 50%를 깎은 데 반발해 차액을 받아내겠다며 해가 바뀌자마자 시무식장을 공격한 것이었다. 현대자동차는 한 해 업무를 시작도 못하고 시무식장에서부터 또다시 검은 구름에 덮이고 있었다.

　성과금 50%는 노조원 전체 평균으로 한 사람에 100만 원 정도였다. 이유가 무엇이든 한 해 첫 출발에 재를 뿌린 행동은 받아들이기 힘들었다. 노조원들은 최소한의 부끄러움도 없었다. 위아래도 없고, 남의 눈은 생각조차 하지 않는 사람들 같았다. 시무식을 중단시킨 노조원들은 곧바로 본관 1층을 점거하고 농성에 들어갔고, 성과급 50%를 더 줄 때까지 특근과 잔업을 거부하겠다고 결의를 다졌다.

　회사측은 지난해 정치파업 때문에 생산 실적이 줄어 임금협상에 따라 100%만 지급하게 된 것이라고 해명했다. 2006년 7월 타결된 임금협상에서 성과급은 생산 대수 100% 달성 때 150%, 95% 달성 때 100%, 90% 달성 때 50% 등으로 성과에 따라서 차등 지급하는 것으로 돼 있었다.

그러나 성과급은 그동안 성과와는 상관없이 일정 비율을 연말에 지급하는 것이 관례로 굳어 있었다. 성과급 삭감은 15년 동안 지속돼 온 관행을 깬 결정이었다. 회사가 이제는 원칙을 세우겠다는 의지를 드러낸 것으로 과연 결과가 어떻게 될지 주목을 받고 있었다.

하지만 노조의 반발은 예상을 훨씬 뛰어넘어 전망이 매우 어두웠다. 노조는 회사측이 150%를 주겠다고 구두로 약속했고, 사장의 녹취록도 있다고 주장했다.

1월 말로 예정된 노조위원장 선거도 시무식 난동의 한 원인이었다. 노조위원장의 임기가 1년이나 남았는데도 선거를 앞당긴 것은 조합 살림을 맡고 있는 총무실장의 납품 비리 때문이었다.

일 년 전 총무실장은 노조 창립 기념품으로 레저용 테이블을 납품받아 여름휴가에 맞춰 지급했다. 그러나 기념품은 중국산으로 불량품이 많았고, 물량도 부족했다. 조사 결과 입찰 자격이 없는 무자격 업체의 기념품을 납품받은 것으로 드러나 총무실장이 구속됐다. 2003년 취업 비리에 이어 3년 만에 다시 터진 비리 사건이었다.

납품 비리 의혹은 노조 집행부로 옮겨갔고, 급기야 집행부가 책임을 지고 총사퇴해야 한다는 쪽으로 번졌다. 집행부는 결국 대의원들의 사퇴 요구를 받아들여 조기 선거를 하기로 결정했다. 도덕성에 큰 타격을 입은 집행부는 이 선거에서 어떻게든 궁지에서 벗어날 방법을 찾아내야 했다. 자연히 선명성 경쟁을 할 수밖에 없었다. 그래서 성과급 투쟁이라는 칼을 빼든 것으로 보였다.

노조는 성과급 삭감 반대 투쟁을 더욱 강경하게 준비했고, 회사도 물러서지 않았다. 바로 다음날 노조위원장 등 간부 22명을 업무방해 혐의로 경찰에 고소한 데 이어 파손된 출입문 유리창에 대한 손해배상도 청구했다. 경찰이 노조 간부 22명 전원에게 출석요구서를 발송했지만, 노조원들은 본관 앞 광장에서 규탄대회를 열었다. 회사와 노조는 뒤를 돌아보지도 않고 서로 반대 방향으로만 내달렸다.

연초부터 일주일째 잔업·특근 거부가 이어지자, 민주노총 울산본부까지 나서 시무식 난동을 사과하고 투쟁을 자제하라고 권유했다. 그러나 노조는 오히려 파업 결의를 다졌다. 회사도 노동조합과 노조 간부 25명을 상대로 10억 원의 배상을 요구하는 소송을 제기해 압박 강도를 높였다. 회사는 시무식 폭력 사태 이후 180억 원의 피해를 입은 것으로 추정되지만 우선 일부 청구로 10억 원에 대한 소송을 제기하고, 추후 액수가 확정되는 대로 소송을 확대하겠다고 했다. 앞으로 수백억 원대의 소송이 이어질 참이었다.

그러나 노조는 회사를 더 몰아붙이기 위해 상경투쟁에 나섰다. 전세 버스 22대로 울산에서 올라온 노조원 500여 명과 금속노조 조합원 등 1500여 명은 양재동 현대차 본사 앞에서 도로를 점거한 채 집회를 갖고, 성과급 50%를 즉시 지급하라고 요구했다. 박유기 노조위원장은 당장 내일까지 돈을 지급하지 않으면 대의원 대회를 열어 파업을 결정하겠다고 선언하고 이 문제를 논의하기 위한 특별교섭을 요청했다.

하지만 회사는 거부했다. 성과급 지급 이행 여부는 교섭 대상이 아니라고 못박았다. 이제 노조의 파업 결의는 시간 문제였다. 회사가 상경투쟁에 나선 조합원들을 무단결근으로 처리하면서 갈등의 골은 더 깊어만 갔다.

파업에 들어가다

시무식 난동 일주일 만에 마침내 파업이 결의됐다. 투표 없이 박수로 결정한 만장일치 통과였다. 집행부는 투표를 해야 한다는 대의원들에게 회사측의 강경 대응과 비난 일색인 여론 때문에 투쟁 열기를 끌어올리기 위해서라도 파업이 꼭 필요하다고 설득했다. 끝까지 파업에 반대했던 10여 명의 대의원들은 자리를 박차고 나갔다. 회의는 중단되고 한등안 진통이 계속됐지만, 속개된 회의에서 집행부는 "만장일치로 의견이 조율됐다"면서 박수로 추인하고 회의를 끝냈다.

파업 결의 소식이 전해지자 파업에 대한 비판이 노조 안팎을 가리지 않고 터져 나왔다. 정치파업에 골병이 들었는데 연초부터 파업하는 것은 더 나쁘다고 비난했다. 환율 하락으로 수지를 맞추지 못하고 있는 협력업체들은 현대차가 파업하면 도산 업체가 속출할 것이라고 개탄했다.

파업 결의 절차도 문제였다. 4만 2천 명의 조합원 가운데 대의원 360명만 모인 자리에서 투표도 하지 않고 박수로 파업을 결의한 것은 노조원들의 결속력을 약화시키고 있었다. 노조원들의 파업 동참을 가로막는 가장 큰 걸림돌이었다.

일반 사람들이 새해 설계에 한창 여념이 없던 1월 15일, 현대차 노조는 오후 1시부터 4시간 부분파업을 시작했다. 노조원들의 임금손실은 이미 성과급 50%를 넘고 있었다. 성과급 문제가 불거진 12월 말부터 잔업과 특근을 거부해 왔기 때문에 임금 손실이 100만 원을 이미 초과한 것으로 나타났다. 100만 원 더 받아내자고 회사와 충돌하고, 욕은 욕대로 먹고, 협력업체들에게 못할 짓을 했는데, 임금은 그 이상 줄어들다니. 노조원 자신들도 왜 이렇게 되고 말았는지 스스로에게 묻기 시작했다.

상황이 더 나쁜 것은 이전과는 달리 회사가 요지부동이고, 여론은 갈수록 더 차갑게 식어 가고 있다는 점이었다. 국가 경제가 어려워 수많은 사람들이 고통을 당하고 있는 마당에 노조가 어떻게 파업을 할 수 있는가 하는 비난의 목소리가 곳곳에서 이어졌다. 노조의 요구를 절대 들어주지 말고 원칙대로 대응하라는 전화가 전국에서 빗발쳤다.

검찰도 이미 합의된 성과급 액수를 놓고 쟁의 행위를 하는 것은 노동관계법상 명백한 불법이라고 밝히고, 파업에 들어가면 법과 원칙에 따라 엄정하게 대처하겠다고 밝혔다. 경찰은 파업 다음날 노조위원장과 부위원장에 대해 폭력과 업무방해 혐의로 사전 구속 영장을 신청했다. 이상수 노동부 장관도 이제는 현대차 노조의 불법 파업에 정부가 단호한 의지를 보여줄 때가 됐다고 목소리를 높였다.

그러나 일부 시민들은 성과급도 따지고 보면 노사끼리 이면 합의해 온 관행의 산물이라며, 20년간 계속돼 온 관행을 하루아침에 없애려고 무리하게 밀어붙이는 회사의 책임도 크다고 질타했다.

시간이 지날수록 주변 여건이 악화되면서 노조원들은 성과급 파업에 심한 부담을 느꼈다. 파업 열기도 이전 같지 않았다. 첫날 대의원들은 노동가를 틀어놓고 분위기를 고조시키며 정문에서 조합원 통행을 막기도 했지만, 많은 노조원들은 오전 근무가 끝난 뒤 파업 출정식에 참여하지 않고 대의원들의 눈을 피해 자리를 옮기거나 공장을 빠져나갔다.

회사측도 노조 간부 22명에 대한 불법 단체행동 금지와 업무방해 금지 가처분 신청을 법원에 제출했다. 정당한 업무를 방해하면 위원장은 하루 8천만 원, 나머지 노조 간부 21명은 하루에 30만 원씩 회사에 지급할 것드 요구했다. 쟁의 행위와 관련한 가처분 신청은 처음이었다.

협력업체는 정말 뜬했다. 성과급은 고사하고 150만 원도 되지 않는 월급조차 못 받을 형편이었다. 지난해 임금협상 때는 21일이나 파업을 벌였고, 11월과 12월 사이에는 정치파업을 여덟 차례나 벌이고, 또다시 연초부터 잔업과 특근을 거부하니 지탱해 나갈 방법이 없었다. 일감이 없어 근로자 절반을 휴가 보낸 사장은 월급을 주기 위해서 친지들을 찾아다니며 손을 벌리고 있었다.

울산 지역 121개 시민·사회 경제단체는 성명서를 내고 파업 철회를 요구했다. 심지어 회사 앞 음식점들은 빨간 조끼를 입은 노조 대의원 출입을 거부했다. 음식점 주인은 일반 손님들이 노골적으로 현대차 조합원을 비난하고 있고, 특히 빨간 조끼에 대한 거부감이 커 손님으로 받지 않기로 했다고 말했다.

도덕성에 큰 타격 입은 노조 집행부
여러 가지로 불리한 상황에서 성과급 150%를 주겠다고 한 사장의 녹취록이 노조측에 의해 조작됐다는 의혹이 집행부의 힘을 뺐다. 성과급 투쟁 초기부터 이 녹취록으로 회사의 부당함을 주장해 왔지만, 녹취 내용 일부분이 삭제됐다는 의혹이 불거지면서 도덕성 문제로 옮아갔기 때문이었다.

노조가 조합원들에게 공개한 녹취록에는 윤여철 사장의 성과급 150% 지급 약속이 담겨 있었다.

"150%를 줄 거냐 말 거냐 하는데 그거는…… 주겠다는 뜻이지 안 될 목표를 갖다 놓고 모양만 갖춰 안 주겠다는 건 아닙니다."

그러나 회사는 노조가 공개한 발언에 "100%가 됐을 때"가 빠진 것을 확인했다고 주장하고, 이 내용이 포함된 녹취록을 공개했다.

"150%를 줄 거냐 말 거냐 하는데 그거는 그렇게 100%가 됐을 때

주겠다는 얘기지, 안 될 목표를 갖다 놓고 모양만 갖춰 안 주겠다는 건 아닙니다."

노조가 녹취 내용 일부를 삭제했다는 말이 퍼져 나가면서 사실 여부는 제쳐두고 노조의 도덕성에 큰 타격을 주었다.

이런 와중에서 이헌구 전 노조위원장이 2003년 7월 단체협상에 협조해 달라는 명목으로 부사장에게 2억 원을 받은 혐의로 검찰에 체포됐다. 이는 노조에게 치명타였다. 2003년은 주 40시간제 실시 등을 요구했지만 협상이 결렬돼 25일이나 장기파업을 벌이던 시기였는데, 이헌구 전 위원장에게 돈이 건네진 뒤 일주일도 되지 않아 파업이 끝났다. 당시 회사는 1조 3천억 원이나 되는 매출 손실을 입었고, 협력업체 손실도 1조 원이 넘었다.

노사협상을 놓고 돈을 주고받는, 용서받을 수 없는 비리를 저지르고도 이헌구 전 위원장은 그 뒤 민주노총 울산지부장을 맡아 울산 지역 파업을 주도했다. 그때 노조 사무국장이 현 박유기 노조위원장이었다.

성과급 파업을 벌이고 있던 노조원들은 놀라고 분노했다. 자신들이 파업하며 고생하고 있는 사이에 파업을 책임지고 있는 위원장이 거액의 뒷돈을 받아 챙기다니……. 이럴 수가 있는가. 노조원들은 기계가 멈춰선 현장에서 동요했다. 우리가 무엇 때문에, 누구 때문에 욕을 먹어 가며 파업에 나섰는가. 고작 100만 원을 더 받으려고 이 많은 조합원들이 마음고생을 하며 싸우고 있는데 2억이라니,

참을 수 없는 배신감이 솟구쳐 올랐다. 노조를 결속시키고 있는 가장 큰 버팀목이 무너져 내리고 있었다. 동지들을 이용해 엄청난 돈을 챙기고도 상급 조직 간부로 승진하다니…….

그러나 돈을 받은 노조위원장만 욕할 것이 아니었다. 돈을 준 회사가 몇 배 더 나빴다. 회사측은 공소시효가 지나 법적 처벌은 면했지만, 노조를 매수한 타락한 기업으로 굴러떨어지고 있었다. 돈으로 사람을 매수하는 것은 해서는 안 되는 범죄이고, 더구나 그 대상이 노조위원장이었다는 점에서 현대차의 뇌물 제공은 용서받을 수 없었다. 필요하다면 뇌물로 일을 처리하는 현대차의 실체가 적나라하게 드러난 사건이었다. 검찰 수사로 물의를 빚고 있는 현대차의 비자금이 노조 파업을 무마시키는데도 사용됐음이 확인된 사건이었다.

상처뿐인 합의

시무식 난동 2주일 만에 노사는 합의안을 이끌어 냈다. 성과급 50%는 격려금이라는 이름으로 바꿔서 지급하기로 했다. 지난해 생산 목표에 모자랐던 대수와 그동안 잔업 거부, 파업 등으로 생산하지 못했던 차량을 2월 말까지 채운다는 전제를 달고서였다.

이번에야말로 원칙을 지키겠다고 공언했던 회사는 또 물러섰다. 조건부이기는 하지만 성과급 지급을 약속한 것이다. 성과급을 격려금이라고 이름만 살짝 바꾼 것도 속보이는 것이었다. 현대차의 원칙은 경우에 따라 얼마든지 바꿀 수 있는 원칙이라는 비웃음을 샀다.

노조는 마지막까지 고소·고발 취소와 손해배상소송 취하를 요구했지만, 회사측은 받아들이지 않았다. 성과급을 주기로 한 마당에 법적 대응까지 포기하면 내세울 명분이 없었던 탓이었다. 소송 취하 문제로 상당 시간 진통이 계속됐지만 노조가 회사 안을 전격 수용하면서 사건은 일단락됐다. 그러나 노사 양쪽 모두 상처뿐인 합의였다.

회사측의 첫 번째 손해는 원칙이 무너진 것이었다. 그것도 회사 스스로 원칙을 무너뜨렸다. 목표를 달성 못했기 때문에 성과급 추가 지급이 없다는 원칙은 원칙이 아니라 상황에 따라 얼마든지 바뀔 수 있는 변칙이었다. 어차피 돈으로 해결할 작정이었으면 사태를 왜 그 지경으로 끌고 갔느냐는 비난이 쏟아졌다. 필요하면 노조 위원장에게 뇌물까지 주는 회사가 성과급 원칙을 지키는 것은 애초부터 무리였다.

계속된 노조 파업의 원인이 회사측에 있다는 주장은 틀린 말이 아니었다. 무노동 무임금 원칙이 무용지물이 돼버린 것도 회사의 자업자득이었다. 성과를 달성해야 주는 성과급을 보너스 형태로 지급해 오던 회사가 갑자기 원칙을 지키겠다고 나섰다가 여의치 않으니까 원칙을 포기한 것은 두고두고 문제를 일으킬 결정이었다. 뿐만이 아니었다. 파업을 돈으로 막고, 그 비용은 차 값에 반영하고, 소비자만 손해를 보게 됐다는 비판 여론이 크게 확산되면서 현대차

불매 운동으로 이어져 회사 이미지는 치명적인 타격을 입었다.

성과급을 얻어낸 노조도 잃은 것이 너무 많았다. 성과급 사태를 거치면서 여론은 노조에 대해 비난 일색으로 변했다. 노조에 등을 돌리는 사람들이 갈수록 늘어났다. 현대차 노조는 이제 생산 현장에서 힘을 가진 권력자 집단으로 부정적인 면만 부각되고 있었다.

도덕성에 치명적인 타격을 입은 것이 가장 큰 손실이었다. 납품 비리로 불신임을 받고 총사퇴를 앞두고 있는 집행부가 불법으로 성과급 투쟁을 벌인 것 자체가 무리수였다. 성과급 투쟁의 근거가 됐던 사장의 녹취록을 조작했다는 의혹도 노조가 생명으로 삼고 있는 도덕성에 큰 상처를 냈다.

무엇보다 파업과 관련해 회사로부터 거액의 뇌물을 받은 전직 노조위원장이 성과급 파업 중에 구속된 것이 결정적이었다. 물론 이번 파업과는 상관이 없었지만 현대차 노사가 얼마나 타락한 집단인가를 전 국민에게 알리는 계기가 되었다. 그것도 성과급 파업을 벌이고 있던 중에 발생해 전달 효과는 극대화됐다.

노조는 또 민·형사상 책임도 져야 하고 임금 손실도 감수해야 했다. 경찰은 노조위원장과 부위원장 2명에 대해 사전 구속영장을 신청했고, 법원은 구인장을 발부했다. 당장 경찰 조사를 받아야 하는 데다 손해배상은 돈이 걸린 문제라 앞으로 두고두고 골치였다. 그때까지의 임금 손실도 성과급 50%와 맞먹는 액수였다. 노조원들은 안팎으로 욕먹어 가면서, 마음고생 하면서 얻은 것이 과연 무엇인지 알 수가 없었다.

시무식을 방해하고 성과급 투쟁을 벌인 박유기 노조위원장과 안현호 수석부위원장은 6개월 뒤 각각 징역 1년 6개월과 징역 1년의 실형을 선고받았다. 재판부는 피고인들이 성과급 액수를 회사 사장이 밝혔다고 주장하지만 합의문이나 녹취록을 봐도 이를 인정하기가 어렵고, 얼마든지 정상적인 절차를 통해 바로잡을 수 있는데도 폭력을 사용한 것은 정당화될 수 없다고 판시했다. 무리한 파업의 결과였다.

한미 FTA 비준 반대 파업

성과급 파업으로 많은 것을 잃었던 현대차 노조는 6월 들어 금속노조의 결정에 따라 닷새로 예정된 한미 FTA 비준 반대 파업을 찬반투표 없이 강행하기로 결정했다. 사흘 동안은 지역별로 하루 2시간씩 조업을 중단하고, 이틀은 모든 공장이 4시간, 6시간씩 부분파업을 벌인다는 내용이었다.

이번에는 외부보다 내부 진통이 컸다. 노조 내부의 갈등과 반목 때문이었다. 조합원들은 자신들의 의사를 묻지도 않고 일방적으로 파업을 결정한 지도부의 결정을 공개적으로 비판했다. 노조원들이 공공연하게 파업을 문제삼은 것은 현대차 노조 20년 만에 처음이어서 집행부는 크게 당혹했다.

노조원들은 조합원 80%는 반대하는 것 같다면서 찬반투표도 하지 않고 파업을 벌인다는 게 말이 되느냐고 반발했다. 또 한미 FTA 최대 수혜자라는 우리가, 그것도 하기 싫은 파업을 왜 해야 하는지 모르겠다고 불만을 토했다. 정치파업에 대한 비판도 거셌다. 여론과 조합원을 무시하면서 상급 단체의 결정만 따르는 이유라도 좀 알아야겠다는 분위기가 확산되고 있었다.

그러나 노조 집행부는 결정권이 없는 지부 단위의 현대차 노조 입장에서는 금속노조의 결정을 거역할 수 없는 형편이라고 이해를 구했다. 현대차 노조 홈페이지 게시판에는 절차에 문제가 있는 정치파업에 반대한다는 글이 하루 100여 개씩 올라왔다. "여론을 무시한 정치파업은 자제하자", "지금이라도 찬반투표를 하자", "원치 않는 정치파업에 앞장선다면 불 속으로 뛰어들어가는 격" 이라며 지도부를 비난했다.

심지어 노조 간부들도 파업을 문제삼았다. 10년 이상 대의원을 지냈던 한 노조원은 "현장에서 묵묵히 일하는 조합원들이 왜 민주노총과 금속노조가 시키는 대로 따라해야 하느냐. 대다수 조합원들이 반대하는 정치파업을 중단하고 간부파업으로 전환하는 방법을 찾아야 할 것" 이라는 유인물을 배포했다. 현직의 한 대의원도 '조합원 대다수는 고용 불안 때문에 이번 정치파업에 상당한 부담을 갖고 있다' 는 내용의 대자보를 붙인 뒤 대의원의 상징인 빨간 조끼와 명찰을 반납하고 대의원 사퇴뿐 아니라 조합원 제명까지 감수하겠다고 말했다.

고객을 직접 만나야 하는 판매와 정비 부서 조합원들은 여론 악화로 더욱 힘들었다. "산별노조에 들어간 것이 잘못됐다. 이제는 집안 식구들 보기도 민망하다"고 괴로운 심정을 털어놓았다. 일부 노조원들이 파업 반대 서명 운동을 벌이다 제지를 받는 등 내부의 반대 움직임은 점점 더 커져 갔다.

노동부·법무부·산업자원부 등 3부 장관은 공동 명의로 담화문을 발표하고 파업을 강행하면 노조 집행부 등 주도 세력에 대해 관용을 베풀지 않고 엄단하겠다고 밝혔다. 온 사회가 파업을 말리기 위해 총동원령을 내린 것 같았다. 노조 집행부도 속으로는 이번 파업이 내키지 않았지만, 조합원 투표로 금속노조에 가입한 만큼 따를 수밖에 없다고 생각했다.

여론이 악화되고, 사방에서 팔을 걷고 말리는데도 금속노조는 요지부동이었다. 현대차 노조위원장 출신인 정갑득 금속노조 위원장은 노동자의 일자리와 노동권을 지키기 위한 투쟁을 정치파업으로 매도하는 것은 받아들일 수 없다고 전제하고 파업 방침에는 변함이 없다고 강조했다.

파업을 사흘 앞두고 노조 대의원 대회에서도 '파업 철회' 의견이 속속 개진됐으나 받아들여지지 않았다. "대의원들조차 반대하는데 밀어붙이느냐", "한미 FTA를 반대할 명확한 근거도 없이 왜 파업하느냐", "노조 규약을 어겨 가면서 왜 찬반투표를 실시하지 않느냐" 등 반대가 줄을 이었지만, 집행부는 상부 조직인 금속노조

대의원 대회에서 결정된 사안을 지부에서 번복할 권한이 없다고 해명했다.

실패로 돌아간 정치파업

외부 여론뿐 아니라 노조 내부에서 유례없는 파업 철회 요구가 계속되면서 코너에 몰린 노조는 마침내 파업을 하루 앞두고 사흘 동안의 지역 순환 파업을 하지 않기로 결정했다. 하지만 이틀간의 전국 동시 파업에는 참여하기로 했다. 파업 전날 파업을 철회한 것은 현대차 노조 설립 이래 처음이었다.

그 상태로 파업에 들어갔을 경우 지역 공장들이 동참하지 않을 가능성이 있었고, 실제로 노조원들이 파업을 외면하면 '노조 집행부 불신임'으로 직결될지도 모른다는 우려가 파업 취소 결정을 이끌어냈다. 무엇보다 노조원들이 집행부 결정을 일사불란하게 따랐던 이전과는 달리 서슴없이 반대 목소리를 내면서 현대차 노조의 변화를 예고하고 있었다.

이러한 변화는 이미 시작되고 있었다. 파업 철회 소식이 전해졌는데도 반대는 수그러들지 않았다. 나머지 이틀간 파업도 철회하라는 요구가 계속해서 터져 나왔다. 파업을 철회하고서도 노조 지도부는 고민에 빠졌다. 이전과는 확실히 달라졌다. 파업 일정을 축소하면 조합원들의 반발이 수그러들 줄 알았는데 오히려 전면 철회로 발전한 것이었다. 파업도 정상조업을 원하는 조합원 때문에 제대로 진행될지 의문이었다. 곧 시작될 임금·단체 협상의 단결을 위해 파업이 필요하다고 설득한 뒤에야 이틀간 파업은 일단 진행하기로 했다.

그러나 이번에는 시민들이 나섰다. 울산 지역 140개 시민단체들로 구성된 '행복도시 울산 만들기 시민협의회'는 현대차 공장 정문에서 4천여 명이 모인 가운데 파업 철회 촉구대회를 열었다. 회원들은 '명분 없는 정치파업 철회'가 쓰인 피켓을 들고 근로자들에게 파업 철회 호소문을 나눠줬다. 하는 수 없이 노조 집행부 60여 명은 철야농성에 돌입했고, 회사측은 파업에 돌입하더라도 정상조업을 하기로 방침을 정했다. 명분도, 실리도, 현장의 지지도 없는 불법 정치파업에 생산 라인이 중단돼서는 안 된다는 강경한 입장이었다.

그렇지만 파업은 시작됐고 울산 공장 가동은 중단됐다. 회사가 정상조업을 해보려고 시도했지만, 컨베이어 시스템으로 돌아가는 생산라인을 세우는 것을 막을 방법이 없었다. 한 곳만 멈춰 서더라도 전체 공정이 중단되기 때문이었다.

울산 시민들과 협력업체 직원들은 허탈하고 맥이 빠졌다. 어쩌면 이렇게 염치가 없는가 하고 원망했다. 고객들 입에서 "당신들 파업하라고 차를 사준 줄 아느냐"는 말까지 나올 정도로 악화된 여론을 어떻게 바로잡을지가 큰 걱정이었다.

아예 파업을 거부하고 일을 하는 부서도 있었다. 공장은 멈춰 섰지만 출고사무소 직원들은 평소보다 갑절이나 많은 차를 내보내느라 밤 10시까지 연장근무를 했다. 서비스센터 직원들도 대부분 정상 근무로 차량 수리에 매달려 집행부의 지침에 반기를 들었다.

파업은 이튿날에도 계속됐다. 그러나 전체 조합원의 25% 정도만 파업에 참가했다. 회사측은 생산 라인 가동을 시도하다가 대의원들의 저지로 실패했지만, 60%가 넘는 노조원들이 조업에 참가했다고 발표했다.

금속노조의 반FTA 파업은 거의 실패로 치닫고 있었다. 노동부는 총 5일간의 파업에 참여율이 26.6%에 그쳤다고 집계했다. 산별노조의 힘을 과시하고 조직 강화를 목표로 했지만, 호응은 적었다. 금속노조의 입지는 좁아 보였다. 정치파업을 밀어붙이는 과정에서 조합원 찬반투표를 생략한 것이 실패의 원인으로 꼽혔다. 그러나 찬반투표를 했다면 부결될 가능성이 컸기 때문에 금속노조의 위상에 더 큰 타격을 입혔을 수도 있었다.

금속노조는 7월 파업은 조합원 참여율이 훨씬 높을 것이라고 자신했다. 6월 파업은 조합원과 아무 관계가 없는 반FTA 파업이지만, 7월은 임금과 단체 협상으로 조합원 이익과 직결돼 있기 때문이라는 것이다. 7월에 또 파업을 벌인다고 했다. 생산현장에서까지 반대하는 파업을 강행하고도 다시 파업을 준비하고 있는 금속노조를 바라보는 국민들의 심정은 착잡했다.

파업이 끝나자 현대차 노조 내부에서는 정치파업에 대한 불만이 폭발했다. 산별노조인 금속노조를 탈퇴하라는 요구가 줄을 이었다.

조합원들은 금속노조의 총알받이냐, 주관 없이 상급 단체에서 결정한 대로 따라하는 꼭두각시 노릇을 포기하고 금속노조를 탈퇴하자고 목소리를 높였다.

한바탕 홍역을 치렀지만, FTA 반대 파업은 우리 노조도 변화하고 있음을 보여 주었다는 점에서 나름대로 의의가 있었다. 국민들의 지지를 받지 못하는 노조 활동은 힘을 얻을 수 없고, 파업이라는 힘을 쓰는 데 정치가 개입되면 어떤 대가를 치러야 하는지를, 그리고 내부에서부터 결속력이 무너지면 노조는 아무것도 할 수 없다는 가장 기본적인 교훈을 가르쳐 주었다.

시민단체를 고소하다

쏟아지는 비난 속에서 FTA 반대 파업을 끝낸 현대차 노조는 파업에 항의했던 시민단체를 검찰에 고소하면서 또다시 욕을 먹었다.

노조는 140개 시민단체들로 구성된 '행복도시 울산 만들기 범시민협의회'를 명예훼손 혐의로 고소하고, 11억 원의 손해배상청구 소송을 제기했다. 이 시민단체가 FTA 반대 파업의 정당성을 훼손하고 참석자 동원을 위해 돈을 뿌렸으며, 울산 시민의 이름으로 시민의 명예를 짓밟는 파렴치한 행위를 저질렀다고 주장했다. 그래서 110만 울산 시민을 대표해 조합원 1000명이 각기 110만 원씩 총 11억 원의 손해배상청구 소송을 제기한다고 밝혔다.

울산 시민들은 어처구니가 없었다. 나름대로 소송을 제기한 이유는 있었겠지만, 부끄러움이라고는 찾아볼 수 없는 노조의 행동에 말문이 막혔다. 누가 누구의 명예를 훼손했는지 따져 볼 필요도 없었다. 정치파업에 대한 안팎의 반대로 몸살을 앓았던 노조가 무슨 생각으로 시민단체를 명예훼손으로 고소하고 손해배상소송까지 제기했는지 알 수가 없었다.

울산 시민들은 현대차 노조에 묻고 있었다. 한 번도 현대차 노조만의 파업이 아닌 적이 있었던가. 협력업체의 눈물과 고통을 계산해 본 적이 있었던가. 파업이 없기를 기도하는 심정을 헤아려 본 적이 있었던가.

파업 철회를 요구하며 규탄 집회를 열었던 시민들은 현대차 노조의 적이 아니다. 같은 하늘 아래, 같은 동네에 사는 이웃이다. 현대차를 구매하는 소비자들이기도 하다. 올해는 시작부터 성과급 투쟁으로 회사를 구렁텅이에 몰아넣더니 모두가 반대하는 정치파업으로 손해를 끼치고, 이제 또 올해 임금협상 파업을 앞두고 있다. 너무하다는 생각이 들지 않는가.

무분규 타결의 소중한 불씨를 살리다

새해 벽두부터 시무식장을 엉망으로 만들고, 그렇게 말리는데도 한미 FTA 반대 파업을 벌였던 현대차 노조는 이제 2007년 임금과 단체협상을 놓고 고민에 빠졌다. 외부의 반대뿐 아니라 이제는 조합 내부에서도 무조건 파업은 안 된다는 인식이 퍼지고 있었고, 무엇보다 조합원들이 반대 목소리를 거리낌없이 내고 있었다. 노조 지도부는 협상의 주변 환경이 어느 해보다 달라지고 있다는 것을 몸으로 느끼고 있었다. 협상만 시작되면 파업으로 연결되는 악순환에도 부담을 느끼고 있었다. 반대를 무릅쓰고 치른 파업에서 얻은 교훈이었다.

7월 12일 노사 상견례를 갖고 협상을 시작했지만 진전이 없었다. 한 달이 넘도록 계속된 아홉 차례의 협상이 모두 무위로 끝났다. 회사가 제시한 안은 임금 7만 8천 원 인상, 성과급 300% 지급, 일시금 100만 원 등 자동차 업계의 타결 수준을 웃돌았다.

그러나 노조는 임금 12만 8천 원 인상에다 당기순이익의 30%를 성과급으로 지급하고 정년을 58세에서 60세로 연장하는 안을 제안해 합의점을 찾지 못했다.

8월 24일 마지막 열 번째 교섭에서도 이견을 좁히지 못하자 노조는 즉각 협상 결렬을 선언하고 노동쟁의조정을 신청했다. 2007년에도 변함없이 현대차 노사는 파업 수순을 밟아 갔다.

그러나 조합원들이 변하고 있었다. 올해만큼은 분규 없이 협상을 타결해 보자는 움직임이 확산됐다. 인터넷 자유게시판에는 협상 결렬 직후부터 파업 없이 협상을 타결하자는 의견이 속속 올라왔다. 올해는 제발 파업 없이 가보고 국민이 사랑하는 현대차를 만들어 보자는 것이 많은 조합원들의 희망이었다. 임금손실은 원하지 않는다고 했고, 조합원들도 이제는 국민의 비난을 두려워한다는 사실을 집행부도 알아야 한다고 일침을 놓았다. 조합원이 협상 중에 집행부를 상대로 무분규 타결을 촉구한 경우는 현대차 노조 역사에서 찾아보기 힘들었다.

노조 내부의 파업 자제 촉구가 잇따르고 있는데도 현대차 노조는 쟁의조정을 신청한 지 사흘 뒤 대의원 대회를 열고 만장일치로 노동쟁의 발생을 결의했다. 또 사흘 뒤 파업 찬반투표를 실시하고, 쟁의조정 기간이 끝나면 바로 파업에 돌입할 계획을 짜고 있었다. 그러나 노사 실무협상은 계속 진행하기로 했다. 이 실무 협상이 무분규 타결의 소중한 불씨를 간직하고 있었다.

노조가 쟁의 발생을 결의했다는 보도가 나오자 또 시민들이 나섰다. 파업 때마다 나서는 시민들도 할 짓이 아니었다. 이번에는 시민단체뿐 아니라 음식점 주인, 택시 기사까지 가세했다. 울산 지역 음식점 300여 곳은 현대차 노사가 분규 없이 타결하면 타결시부터 보름 동안 음식값을 10% 할인해 주겠다고 선언했다. 울산 지역 개인택시 3500여 대는 '현대차 노사 안정 시민들이 갈망한다' 는 스티커를 붙이고 운행에 나섰다. 택시 기사들은 "무분규 타결되면 차량을 바꿀 때 현대차만 사겠다. 자영업자의 생존을 위해서라도 올해만은 제발 파업을 하지 말아 달라"고 호소했다.

그러나 현대차 노조는 8월 30일 야간조부터 쟁의 행위 찬반투표를 시작했다. 무분규 타결의 간절한 열망에도 불구하고 투표 결과는 파업 찬성이었다. 임금·단체 협상에서 12년 연속 파업 결의였다. 62.9% 투표, 찬성 68.8%였다. 투표율도 낮았고, 찬성률도 낮았다. 파업 없이 협상을 타결하자는 노조원들이 많다는 의미였다.

노조는 예년과는 달랐다. 아니, 다를 수밖에 없었다. 조합원들이 파업을 원하지 않는다는 사실을 실감하고 있었기 때문이었다. 첫 조짐은 파업 찬반투표에 들어가기 직전 드러났다. 파업과 상관없이 열한 번째 교섭을 재개하자는 회사측 제의를 노조가 받아들인 것이다. 현대차 노사가 쟁의조정 기간에 교섭을 재개한 것은 전에 없던 일이었다.

물론 지난해 33일 동안 파업을 벌여 사상 최대의 생산 손실을 기록했고, 올해도 이미 무리한 파업을 벌이면서 엄청난 비난을 받았기 때문에 더 이상 강경한 자세로 나가는 것이 어렵기도 했다. 회사도 연속 파업의 책임이 회사에도 있다는 것을 깨닫기 시작했다. 쉬지 않고 계속되는 파업에서 벗어나지 않으면 정말 망할지도 모른다는 위기감이 팽배했다. 환율, 유가, 강경 노조 대문에 국제 경쟁력이 추락한 데다 국내에서까지 소비자들의 외면을 받으면 회사는 정말 살아남을 수가 없었다.

또 파업이 시작되고, 생산 라인은 멈춰서고, 자동차 주문은 밀리고, 20년 세월 동안 똑같은 우여곡절을 겪어 오면서도 배운 것이 하나도 없다는 비판에 회사와 노조는 할 말을 잃었다. 정말 올해만큼은 파업 없이 협상을 마무리할 필요가 있었다.

현대차 노사의 염치

이런 분위기를 반영하듯 회사와 노조는 파업이 가결된 뒤 파업을 이틀 동안 유보한다고 전격 발표했다. 협상 타결에 끝까지 최선을 다하겠다는 선언이었다. 노조 실무 교섭 팀이 회사측과 계속 만나 절충안을 찾으면서 현대차 전체에서 무분규 타결의 희망이 점점 커졌다.

당초 노조가 파업을 시작하기로 했던 9월 4일, 노사는 노조가 요구한 40가지 조항 가운데 합의하지 못한 11가지를 놓고 막판 조율을 계속한 끝에 마침내 협상을 마무리지었다.

"파업을 하지 않고도 합의를 이끌어내는 새로운 전례를 만들었다"는 발표에 모두 가슴을 쓸어내렸다. 희망대로 파업을 하지 않고 협상이 타결되다니, 울산 지역은 축하 분위기에 휩싸였다. 시민들도 협상 타결에 한몫 했다는 평가를 받았다. 노사 모두 큰 짐을 덜고 현대차 노조의 새 지평을 열었다며 환영했다.

그러나 한편으로는 '퍼주기식' 합의라는 비난도 제기됐다. 회사가 노조 요구를 대폭 수용했기 때문이었다. 회사는 정몽구 회장의 항소심 선고 공판을 앞두고 있는 시점에서 어떻게 해서든 협상을 끝내야 할 형편이었다.

물론 노조의 협상 태도도 종전과는 판이하게 달라져 최대한 양보했지만, 회사보다는 협상 입지가 훨씬 나았다. 자연히 회사 쪽의 양보가 많을 수밖에 없었다.

임금 인상은 기본급의 5.98%인 8만 4천 원에 합의했고, 성과급

300% 지급, 새해 목표 달성 150만 원, 품질향상 격려금 100만 원 지급, 정년도 58세에서 59세로 1년 더 연장했다. 다른 업체 근로자들의 부러움을 살 정도였다. 특히 협력업체 직원들에게 미안하고 부담스러웠다.

무분규 타결의 가장 큰 힘은 노조원 각자의 변화였다. 거창하고 정치적인 구호보다는 실제로 나한테 필요한 이익을 챙기자는 현실적인 선택이 파업을 각아낸 일등 공신이었다. 외부의 비난도 생각하고, 다른 사람들에게 줄 피해도 생각하고, 우리 자신의 진정한 이익이 무엇인지 생각하고 난 뒤에야 비로소 행동으로 옮기겠다는 각오가 노조를 변화시키고 있었다.

이런 점에서 앞으로 현대차 노조의 투쟁 방법에 상당한 변화가 예상됐고, 어떤 협상에서나 파업부터 하고 보는 관행은 다시 나타나기 어려울 것으로 보였다.

길고 긴 질곡의 늪에서 헤어날 줄 몰랐던 현대차의 2007년 임금·단체 협상 무분규 타결은 염치가 만들어낸 작품이었다. 남의 눈과 처지를 생각하고 내 이익만 챙겨서는 안 된다는 깨달음이 노조원들의 가슴속에 자리잡았다는 것이 이번 타결에서 거둔 가장 큰 성과였다.

20년 세월의 현대차 노사 갈등 역사에 부끄러움은 셀 수도 없이 많았다. 그러나 부끄러움을 알고 행동으로 옮긴 것은 처음이었다.

6
편지 한 장만 남기고

몰래 떠나는 염치

소록도여, 안녕

한센병 환자들의 고통과 서러움이 떠돌고 있는 소록도의 2005년 11월 21일 아침. 겨울 추위가 막 시작된 영하의 날씨였다. 언덕배기의 붉은 벽돌집에서는 먼 길을 떠나는 준비가 한창이었다. 일흔을 넘긴 수녀 두 분이 여행 가방에다 이것저것 챙겨 넣고 있었다. 20대에 고국 오스트리아를 떠나와서 생활해 왔던 방 안을 둘러보며 상념에 젖어들었다.

10년 전이나 20년 전이나 변함이 없었다. 가구라고는 사과 궤짝 크기의 문갑 하나와 탁자, 냉장고가 고작이었다. TV조차 보이지 않았다. 깨끗하게 정돈돼 있었지만 가난하기 그지없는 살림이었다. 집수리도 한 적이 없었다. 일제 때 처음 지어진 그대로였다. 무엇이든 있는 그대로 쓰고 새 것으로 바꾸는 것을 싫어했기 때문이지만, 가난한 형편에서 무엇을 고치고 할 것도 없었다. 버리는 물건도 없었고, 새로 들여놓는 물건도 없었다. 늘 있어 왔던 그대로였다.

그렇게 43년 하고도 아홉 달이 지나는 동안 변함없이 맞아 주었던 이 숙소를 이제 떠나려고 한다. 돌아가야 할 때라고 진작 마음을 정했지만 소록도를 떠나는 것은 쉽지 않았다. 그동안 정을 붙이고 살았던 한센병 환자들도, 병원 직원들도 모두 한가족이었다. 이역만리 외딴 섬이 지금은 차마 발이 떨어지지 않는 고향이 되고 만 것이다.

소록도를 떠난다는 것은 아무에게도 알리지 않았다. 짐이라고는 소록도에 올 때 들고 왔던 가방 하나가 전부였다. 무거운 마음으로 현관문을 열고 나서면서 탁자 위에 편지 한 장을 놓았다. 작별 인사였다. 아무에게도 알리지 않고 도망치듯 떠나는 것이 미안하기도 했다. 그토록 긴 세월 동안 아픔을 나누고 서로 위로하며 함께 울고 웃었던 환자들이 눈에 밟혔다.

그러나 보상받자고 한 일이 아니었다. 해야 할 일을 했을 뿐이다. 더 나이 들어 짐이 되기 전에 떠나는 처지에 떠들 일이 절대 아니었다. 선착장에서 배를 타고서야 비로소 눈물이 쏟아졌다. 그 많은 환자들을 치료하며 마음을 졸였던 지난날들이 주마등처럼 스쳐지나갔다.

사랑스러운 소록도. 다시는 보지 못할 소록도. 이 섬을 떠나지 않을 작정이었는데, 여기서 생을 마치려고 했는데, 소록도의 관습대로 죽으면 화장을 해서 뼛가루만 오스트리아로 돌아갈 계획이었는데……. 죽을 때까지 봉사를 하지 않고 떠나는 것이 미안하고 가슴 아팠다. 하지만 헛되지 않은 시간을 보냈다고 스스로 위로하면서 두 사람은 마음속으로 마지막 인사를 했다. 작은 사슴을 닮은 소록도를 가슴에 안고 흐르는 눈물을 훔쳐내면서 섬을 쳐다보고 또 쳐다보았다.

나이가 예순을 넘기면서 구수한 전라도 사투리를 쓰는 수녀들을 환자들은 '노랑머리 할매'라고 불렀다. 모습은 좀 다르지만 영락없이 친근하고 정 많은 우리 시골 할매였다. 노랑머리 큰할매 마리안느 수녀와 작은할매 마가렛 수녀는 지난날의 회한에 잠겨서 오스트리아 인스부르크로 들어갔다. 붉은 벽돌집 탁자에 편지 한 장만을 남긴 채.

사랑하는 친구·은인들에게

이 편지를 저희들은 아주 어렵게 썼습니다. 한편은 사랑의 편지이지만, 한편은 헤어지는 섭섭함이 있습니다. 우리가 떠나는 것에 대해 설명을 충분히 한다고 해도 헤어지는 아픔은 그대로 남아 있을 것입니다. 각 사람에게 직접 찾아뵙고 인사를 드려야 되겠지만 이 편지로 대신합니다.

마가렛은 1959년 12월에 한국에 도착했고, 마리안느는 1962년 2월에 와서 거의 반세기를 살았습니다. 고향을 떠나 이곳에서 간호로 제일 오랫동안 일하고 살았습니다. (천막을 쳤습니다.) 이제는 저희들이 천막을 접어야 할 때가 왔습니다.

현재 우리는 70이 넘은 나이입니다. 소록도 국립병원 공무원들은 58~60세 나이에 퇴직합니다. 퇴직할 때는 소록도를 떠나도록 정해져 있습니다. 우리는 언제까지 일할 수 있는 건강이 허락할지 몰라 고향으로 떠나기로 결정합니다. 우리 나이가 은퇴를 지나서 10년이라는 세월이 흘렀습니다.

지금 한국에 사회복지 시스템이 잘 되어 있어서 우리는 아주 기쁘게 생각합니다. 우리가 없어도 환자들을 잘 도와주는 간호사들이 계셔서 마음놓고 갑니다. 옛날에는 약과 치료용품들이 많이 필요해 고향에서 도움을 받아 도와드릴 수 있었습니다. 현재 소록도는 여러 면에서 발전하여 환자들이 많은 혜택을 받고 있어서 우리들은 아주 기쁘고 감사하는 마음이 큽니다.

한국에서 같이 일하는 외국 친구들에게 가끔 저희가 충고해 주는 말이 있는데, 제대로 일할 수가 없고 자신들이 있는 곳에 부담을 줄 때는 본국으로 가는 것이 좋겠다고 자주 말해 왔습니다. 이제는 우리가 그 말을 실천할 때라고 생각합니다.

이 편지를 보는 당신으로부터 많은 사랑과 신뢰를 받아서 하늘만큼 감사합니다. 우리는 부족한 외국인으로서 큰 사랑과 존경을 받아서 대단히 감사드립니다. 이곳에서 같이 지내면서 저희의 부족으로 마음 아프게 해드렸던 일을 이 편지로 미안함과 용서를 빕니다. 여러분에게 감사하는 마음 큽니다. 하느님께서 우리 대신 감사해 주실 겁니다. 항상 기도 안에서 만납시다. 감사하는 마음으로.

마리안느 올림, 마가렛 올림
소록도, 2005년 11월 22일

노랑머리 할매 수녀들은 나이가 들어 제대로 일을 못하고 거꾸로 부담을 줄 때는 본국으로 돌아가야 한다는 외국인 봉사자의 염치를 그대로 실천했다. 그리고 헤어지는 아픔을 조금이라도 덜 주기 위해서 떠나는 것을 알리지 않고 편지로 작별 인사를 대신했다. 돌아가는 날까지 남에 대한 배려만 한 것이다. 마지막에는 사랑과 신뢰를 받아서 감사하고 부족한 외국인을 받아 주어서, 큰 사랑과 존경을 주어서 또 고맙다고 했다.

수녀들은 특별한 사람들이 아니었다. 지극히 평범한 보통 사람이었다. 똑똑하지도, 눈에 띄는 능력이나 재주가 있는 것도 아니었다. 무엇을 요구하거나 주장할 줄도 몰랐다. 늘 말이 없이 조용하기만 했다. 나쁜 일이 생기면 참고 기다리고, 오로지 기도에만 매달렸다. 물정도 모르고 내 것이라고는 챙길 줄도 모르는, 좀 모자라는 사람들이었다. 환자들에게 평생을 바치고도 분에 넘치는 사랑과 존경을 받았다고 하늘만큼 감사하는 사람들이었다.

할매 수녀들이 오스트리아로 떠났다는 소식을 뒤늦게 들은 소록도 주민들은 섭섭함을 감출 수 없었다. 충격과 슬픔에 잠긴 사람도 많았다. 특히 환자들은 수녀들이 떠났다는 것을 믿지 않으려 했다. 이제 자신들도 70대 노인이 된 환자들은 함께 모여 밤샘 기도로 이별의 아쉬움을 달랬다. 주민들은 성당과 치료실에서 열흘 동안이나 감사의 기도를 올리고 수녀들의 평안을 빌었다.

천형天刑의 섬에서

소록도에 오다

1950년대 말 오스트리아 인스부르크에 살고 있었던 마리안느 스퇴거 수녀와 마가렛 피사렉 수녀는 인스부르크 대학 간호학과를 졸업하고 할 일을 찾고 있었다. 두 사람은 '그리스도왕의 시녀회' 소속으로 간호사 자격증이 있는 수녀였다. 당시 오스트리아에는 한국의 가톨릭 신부 유학생들이 많았다. 마가렛 수녀 집에 한국 유학생들이 숙소를 정하기도 했다. 자연히 한국 사람들이 낯설지 않았다.

그리스도왕의 시녀회는 1차 세계대전 이후 전쟁으로 성당을 떠난 교우들이 다시 돌아오게 할 목적으로 오스트리아 엥겔하르트 신부가 그리스도왕 축일에 창설한 수녀회다. 수녀들은 수도복을 입지 않고 평복 차림으로 전문 직업인으로 일하면서 사제들의 사목 활동을 돕는 역할을 했다.

1959년에 한 살 아래의 마가렛 수녀가 먼저 한국으로 떠났다. 불과 스물네 살의 나이였다. 마가렛 수녀는 한센병 정착촌인 경북 삼청농원에서 봉사활동을 시작했다. 마가렛 수녀가 한국으로 떠난 뒤 가톨릭 광주교구에서 소록도 봉사자를 찾는다는 요청이 오스트리아에 왔다. 한센병 혼자의 아기들을 키워 줄 사람을 찾는다는 내용이었다. 마리안느 수녀는 주저하지 않았다. 생면부지의 나라로 가겠다는 결심을 가족들에게 털어놓았다. 마가렛 수녀가 먼저 한국으로 떠난 것도 이유가 됐다. 젊은 나이의 순수한 열정으로 마리안느 수녀는 그 모험의 첫발을 내디뎠다. 스물여덟 살의 나이였다.

당시 소록도 형편은 말이 아니었다. 한센병 환자들의 아기는 산모와 격리시켜 따로 키워야 하는데 인력도, 돈도 없었다. 1인당 국민소득이 100달러도 되지 않아 세계에서 가장 가난한 나라 가운데 하나인 한국에서는 해결 방법이 없었다. 그래서 우리보다 선진국이자 상대적으로 친숙했던 오스트리아의 수녀회에 도움을 청했던 것이다.

마리안느 수녀는 1962년 2월 말에 소록도에 도착했다. 환자들은 6천 명이나 됐고, 환자들의 아기들도 2백 명이었다. 아기들을 키우고 환자들을 한 사람 한 사람 치료해 주려면 얼마나 시간이 걸릴지 알 수 없었다. 평생 이곳에 살아야 하겠구나 하는 생각이 저절로 들었다. 오스트리아 가족들에게 돌아가지 않겠다는 편지를 보냈다.

그때 한국은 4·19 혁명과 5·16 군사정변의 정치적 소용돌이에서 막 벗어난 참이었다. 국가재건최고회의 박정희 의장은 경제 발전에 온 힘을 쏟아부었다. 경제개발 5개년계획을 야심차게 시작했고, 주민등록 제도와 화폐개혁 등 각종 개혁 조치도 잇따라 단행했다. 지지리도 가난했고 여건도 매우 나빴지만, 잘살아 보자는 몸부림이 사회 분위기를 이끌고 있었다.

소록도 역시 마찬가지였다. 물자가 부족해 치료는커녕 굶주림도 면하기 어려웠던 소록도는 환자와 병원 직원들이 한마음으로 뭉쳐 자치회를 만들고 살아남기 위해 밤낮으로 일했다. 연탄공장도 만들고 철공소 작업도 시작했다.

환자들은 간척사업도 시작했다. 오마도 간척사업이었다. 노동이 가능한 2천여 명의 환자들이 2교대로 공사를 시작했다. 2.7km에 이르는 방조제 공사로 농지 1천 정보를 만들어 1천 세대의 한센병 환자 가족들을 정착시키려는 야심찬 계획이었다. 작업은 착착 진행되었고, 환자들은 난생처음으로 삶의 환희를 느꼈다. 오마도 간척공사는 소록도만이 아니라 전국 한센병 환자들의 꿈이었고 희망이었다.

마리안느 수녀는 이런 상황의 소록도에 짐을 풀었다. 사람들이 무서워서 피하는 소록도에 푸른 눈, 노랑머리의 외국인 여성이 나타나자 단연 화제가 됐다. 처음 보는 구경거리였다. 키가 너무 커서 보는 사람들마다 놀랐다. 우리나라 여성과는 비교가 되지 않게 덩치도 컸다. 말없이 미소를 머금고 있는 모습도 관심을 모았다.

아기들의 보모가 되어

마리안느 수녀가 처음 착수한 일은 영아원을 만드는 것이었다. 병에 감염되지 않도록 아기들을 격리시켜 키울 방이 우선 필요했다. 사용하지 않는 간호사 기숙사를 개조해 방을 만들었다. 그러나 아기들을 눕힐 담요 한 장 없었다. 우유도, 입힐 옷도 필요했다. 마리안느 수녀는 고국 오스트리아에 도움을 청했다. 가톨릭부인회에서 필요한 돈과 물품을 보내왔다. 우선 철책으로 된 보호 칸막이를 설치하고 아이들이 다치지 않도록 조치했다.

스물여덟 살의 처녀 엄마 마리안느 수녀는 아침부터 아기들에게 매달렸다. 처음에는 낯이 설어서 그런지 수녀만 보면 더 크게 울었다. 한 방에 10명이 넘는 아기들은 끊임없이 보챘다. 낳아 준 엄마를 찾는 것은 똑같았다. 그러나 환자인 친엄마를 보는 것은 한 달에 한 번, 그것도 마리안느 수녀 품에 안겨서였다.

당시 소록도는 환자 지역과 병원 직원 지역으로 나누고, 2km에 이르는 철조망을 쳐서 서로 왕래를 못하게 했다. 아기가 태어나면 직원 지역으로 격리시켜 키웠다. 이 철조망을 사이에 두고 부모와 아이는 한 달에 한 번씩 만났다. 감염을 우려해서 부모는 바람을 안고 아이는 바람을 등지고 먼발치서 쳐다보고 발길을 돌려야 했다. 아기를 보려면 또 한 달을 기다려야 했다. 철조망 앞에서의 애타는 상봉은 차마 눈을 뜨고 볼 수 없었다. 환자들은 이곳을 '탄식의 장소'라고 불렀다. 아기를 데리고 나가는 마리안느 수녀도 이 상봉장에서 가슴이 무너져 내렸다.

아기들의 신체검사도 정기적으로 실시했다. 한센병 감염을 막기 위해서였다. 아기가 열이 나거나 기침이라도 하면 신경이 곤두섰다. 혹시라도 감염되지 않았을까 노심초사했다. 그러나 다행스럽게도 한센병 조짐을 보이는 아기는 없었다. 마리안느 수녀는 매일 아침저녁으로 아기들의 건강을 지켜 주시는 하느님께 감사했다.

소록도 아기들을 돌본 지 2년째인 1964년 마리아 디트리히 수녀가 오스트리아에서 소록도에 왔다. 마리안느 수녀는 용기백배했다. 다시 2년 뒤인 1966년 가을, 이번에는 먼저 한국으로 떠나 경북 청송농원에서 봉사활동을 하던 마가렛 수녀가 합류했다. 모두 오스트리아의 '그리스도왕의 시녀회' 소속 수녀였다. 세 사람으로 불어나면서 봉사활동도 신바람이 났다. 낯설고 물설고, 말도 통하지 않는 어려움도 견딜 만했다. 혼자 외롭게 지내던 마리안느 수녀에게는 천군만마였다. 자매 같은 세 수녀는 서로에게 큰 힘이 됐다.

주민들도 외국인 수녀들에게 점차 친밀감을 느꼈다. 환자들은 머나먼 이국땅에서 자신들을 도와주러 세 사람이나 와주었다는 것에 깊이 감사했다. 같은 동포들조차 처다보지 않는 소록도를 찾아온 수녀들을 다르게 보기 시작한 것이다. 왔다가 잠깐 생색만 내고 떠나는 여느 봉사자와는 차원이 달랐다. 자신들을 일반 정상인들처럼 대했다. 진물이 흐르는 상처도, 흉한 모습도 상관하지 않았다. 아무 거리낌 없이 포옹을 하고, 맨손으로 자신들을 만지고…… 이런 사람들은 처음이었다.

환자들로 넘치는 치료실

아기들을 돌보는 일은 오래가지 않았다. 병원측에서는 환자의 임신을 막았고, 아기를 낳으면 섬에 살지 못하도록 조치했다. 더구나 환자들의 나이가 많아지고 계몽을 계속한 탓에 아기는 더 이상 태어나지 않았다. 영아원에서는 세 살까지만 키우고 네 살이 되면 보육소로 보냈다. 보육소에서는 유치원과 초등학교 과정을 교육시켰고, 졸업을 하면 적성에 맞는 직업교육을 시켰다.

마리안느 수녀가 돌보던 아기들이 대부분 보육소로 떠나면서 보모 역할이 거의 끝났다고 생각하고 있던 차에, 한센병 의료단체인 벨기에의 다미안 재단이 소록도에 들어왔다. 5년 기한이었다. 스스로 한센병에 걸려 환자들과 고통을 나누면서 사랑을 실천했던 성자 다미안 신부의 뜻을 받들어 설립된 다미안 재단은 세계 각지를 돌며 한센병 환자들을 치료하고 있었다.

의사 2명과 간호사 2명의 다미안 재단 의료지원팀은 아기들을 보살피던 마리안느, 마리아, 마가렛 수녀를 팀에 배속시켜 본격적인 의료 봉사를 개시했다. 먼저 병원 본관 2층을 수리해서 50병상 규모의 입원실을 마련했다. 다음에 각종 수술 장비 일체를 들여와 환자들을 치료했다. 장애가 남은 환자 522명을 수술해 재활을 도왔고, 물리치료와 궤양 치료도 병행했다. 수녀들도 간호사로서의 역할에 최선을 다했다. 더 젊고 활달했던 마리아 수녀 때문에 수술팀 모두 힘을 얻곤 했다. 환자들은 마리안느, 마가렛, 마리아의 이름 첫 글자를 따서 '세 마' 라고 부르면서 마음을 열고 따르기 시작했다.

5년 동안의 치료 활동을 끝낸 다미안 재단이 의료장비 전부를 병원에 기증하고 벨기에로 떠난 뒤에도 세 수녀는 병원 구석방에 치료실을 얻어 환자 치료를 계속했다. 늘 활기가 넘쳤던 마리아 수녀가 오히려 건강에 문제가 생겨 먼저 오스트리아로 돌아갔지만, 수녀들은 환자들과 더욱 친해졌다. 치료실은 늘 환자들로 넘쳤고, 환자들은 병원의 간호사보다 수녀들을 먼저 찾았다.

상태가 심한 중환자나 병이 도진 양성 환자들은 수녀들 담당이었다. 몸이 나쁠수록 환자들은 더 수녀들에게 매달렸고 약도 수녀들에게서 받아 먹으려고 했다. 병원측에서는 아예 약을 미리 수녀들에게 주어서 환자들이 약을 타먹도록 했다. 환자들이 찾으면 수녀들은 언제, 어디서나 봉사의 손길을 거두지 않았다.

열악한 형편 딛고 개별 치료 시작

당시 형편은 한없이 열악했다. 의료 기구는 고사하고 반창고나 붕대까지 모자라 쩔쩔맸다. 의료기구 하나로 전체 환자들을 치료해야 했다. 그러니 환자들끼리의 전염은 어쩔 수가 없었다. 붕대는 광목을 끓여서 사용했다. 뻣뻣한 광목은 상처를 보호하기는커녕 오히려 덧나게 하기도 했지만, 다른 방법이 없었다. 광목을 끓여서 두 개씩 환자에게 나눠주고, 다음 치료를 받으러 올 때 하나는 세탁해서 갖고 오도록 했다. 광독 붕대는 빨아서 다시 사용했고, 환자들은 닳아서 쓸 수 없을 때까지 광목 붕대를 상처에 감고 다녔다.

이렇게 어려운데도 간호사들과 수녀들은 의료품이 모자라 꿈도 꾸지 못했던 환자 개별 치료를 시작하기로 결심했다. 개별 치료를 해야 투약 효과와 부작용, 감염까지 확인할 수 있지만, 그때까지는 의약품이 들어오면 환자 마을들을 담당하고 있는 간호조무사들을 통해 쪼개서 배급하던 끝이었다. 그것도 소독약이나 붕대, 거즈 배급이 고작이었다.

그러나 이들은 큰마음을 먹고 행동을 개시했다. 개혁이자 모험이었다. 마리안느 수녀와 박경자 간호사가 주축이었다. 마리안느 수녀보다 5년 늦게 소록도병원에서 일을 시작한 박경자 간호사는 이때부터 마리안느 수녀와 가까워져 거의 40년 동안 고락을 함께 했다.

개인 치료는 일주일에 두 번씩만 하기로 하고 만반의 준비를 했다. 마리안느 수녀가 환자들에게 나눠주고 나온 빈 우유 깡통을 깨끗이 씻어서 거즈 보관함으로 만들었다. 거즈는 다미안 재단이 남기고 간 것으로 채웠다. 의료기구는 버리는 것을 얻어오기로 하고 마리안느 수녀가 알고 있던 광주 요양병원 의사에게 부탁해서 사용하고 난 뒤 병원 지하실에 버려둔 의료 기구를 가져왔다. 핀셋 등은 솥에 넣고 삶아서 소독했다. 그래도 모자라는 의약품은 마리안느 수녀가 준 돈으로 구입했다.

온갖 고생을 하면서 의약품을 모아 개별 치료를 시작하려고 했지만, 이번에는 환자들이 반대했다. 의약품을 나눠주면 자신들이 알아서 하겠다는 주장이었다. 남에게 보이고 싶지 않은 한센병의 특성 때문이었다. 환자 대표들을 설득해서 우선 시범적으로 시작해보자는 합의를 이끌어냈다. "우리도 그냥 배급하면 편하다. 그러나 치료 상태가 어떤지 확인도 해야 하고 경과가 어떤지 알아야 치료가 제대로 될 것 아니냐"고 달랬다. 박경자 간호사는 "배급 주는 사람만 필요하다면 간호사를 다 데리고 병원을 떠나겠다"고 협박도 했다. 결국 당분간만이라도 개인 치료를 해보자고 합의했다. 치료에 조금이라도 도움을 주려고 힘든 작업을 하겠다는데 환자들이 막무가내로 고집을 부릴 처지도 아니었다. 환자들에게 꼭 필요한 개별 치료는 그렇게 힘들게 시작했다.

환자들의 고민 해결사

수녀들은 매일 새벽 5시면 일어났다. 그러고는 기도로 하루를 시작했다. 기도를 마치면 필요한 우유 등을 챙겨서 환자 마을에 있는 성당으로 향했다. 거기서 환자들과 함께 아침 8시 미사를 드렸다. 하루도 거르지 않았다. 미사를 드리고 나면 곧장 병원 치료실로 향했다. 지금은 수녀들의 이름 첫 자인 M을 따서 M 치료실이라고 부르는 방에서 환자들의 치료를 시작했다.

수녀들은 사무적이고 의례적인 한국 직원들과는 달랐다. 맨손으로 썩어 문드러진 환자의 팔다리에 붕대를 감고 약을 발랐다. 소록도병원 의사들은 수녀들의 치료 모습을 보고서 마스크와 고무장갑으로 중무장한 채 치료하는 자신들이 부끄러웠다. 당시 한센병에 대한 일반 사람들의 인식은 최악이었다. 같은 자리에서 밥을 먹는 것도 피했다. 그냥 쳐다보는 것조차 꺼릴 정도였다.

치료를 하면서 수녀들은 환자들과 격의 없는 이야기를 나누었다. 환자들은 우유를 받아서 약과 함께 먹고 수녀들과 이야기꽃을 피웠다. 매일 치료실 부근이 북적댔다. 서로 안부를 묻고 지난밤에 어떤 일이 있었는지 낱낱이 이야기했다. 소록도에서 돌아가는 정보를 가장 많이 아는 사람이 마리안느와 마가렛 수녀였다. 상처를 소독하고 치료를 받는 것도 중요했지만, 환자들에게 두 수녀는 속마음을 털어놓는 창구였다. 곤란한 일이나 부탁할 거리가 있으면 더욱 애타게 수녀들을 찾았다. 같은 환자 말고는 누구하고도 가까이 지낼 수 없는 형편이라 수녀들은 환자들에게 더욱 소중하고 없어서는 안 될 상담자이자 해결사였다. 돈이 필요하면 빌려 달라고 했고, 키울 새끼 돼지를 구해 달라는 부탁도 서슴없이 했다.

특히 환자가 임신했을 때는 수녀들이 구세주였다. 들키면 소록도에서 쫓겨나기 때문에 아무에게도 말할 수 없는 임신 사실까지 털어놓고 애타게 도움을 청했다. 병원에서 절대 모르게 문제를 해결해야 했다. 아기를 빼돌려 따로 보호하면서 키워야 했고, 임산부도 몸을 풀 때까지 뒷수발을 해야 했다. 아기들을 돌보는 봉사를 했던 터라 방법은 있었다. 그러나 아기를 낳은 환자와 수녀 외에는 누구에게도 비밀이었다.

선행은 왼손도 모르게

약품에서 생활필수품까지 모든 것이 부족한 처지여서 외부의 도움이 절실했다. 다행스럽게도 수녀들을 아끼고 도와주는 사람들이 자꾸 늘어났다. 수녀들의 봉사에 감동을 받은 후원자들은 병원 모르게 돈도 보내주고 필요한 것은 무엇이든 도왔다.

하지만 수녀들은 후원 사실을 철저하게 비밀에 부쳤다. 내용이 알려지면 환자들에게 전부 돌아간다는 보장이 없었고, 후원금과 관련해 이상한 소문이 끊임없이 만들어지기 때문이었다. 오스트리아 가톨릭부인회에서 오는 도움까지 아무에게도 말하지 않았다. 환자들에게 얼마나 도움을 주었는지, 어떤 일을 해결했는지 짐작만 할 뿐이었다.

한센병 환자 봉사를 미담으로 이용하는 데 염증을 느낀 수녀들은 자신들의 활동을 일절 밝히지 않았다. 외부에 노출되는 것을 극도로 싫어했다. 그저 사회의 가장 밑바닥에서 희망이라고는 없는 환자들 곁에 있어 주려고 했을 뿐인데 대단한 일을 하고 있는 것처럼 포장해서 떠들어대는 것을 수녀들은 견디지 못했다. 좋아서 하는 일이고 그러다 보니 세월이 지난 것이니 제발 성가시게 하지 말아 달라고 틈만 나면 부탁했다.

그래서 두 수녀는 기자들을 제일 덜리했다. 기자 비슷한 사람이 나타났다는 이야기만 들리면 자리를 피했다. 일반 사람들의 출입이 금지돼 있는 환자 지역으로 숨기도 했다. 그런 날이면 수녀들의 치료실은 내내 조용했다. 문을 잠그고 열어 주지 않는 경우도 많았다. 아무리 사정해도 막무가내였다. 오랜 세월 동안 수많은 기자들이 수녀들에게 찾아왔지만 대부분 얼굴도 보지 못했다. 인터뷰는 고사하고 사진 한 장 찍기도 힘들었다.

1974년 신정식 원장이 부임해 온 뒤 수녀들의 활동 규모가 더 커졌다. 병의 종류에 따라 치료를 전문적으로 할 수 있도록 결핵병동, 정신병동, 갱인병동을 지었다. 필요한 돈은 오스트리아와 한국의 후원자들이 내놓았지만, 누가 얼마를 보냈는지 일절 말하지 않았다. 도움을 준 사람들을 밝히는 것이 오히려 그들의 선행을 망치는 것이라고 생각하는 것 같았다.

5개 환자 마을에 목욕탕도 만들었다. 환자들이 몸을 씻는 일은 어디에서도 여의치 않았다. 병으로 뒤틀린 모습은 목욕을 더욱 어렵게 만들었다. 그래서 수녀들은 고민 끝에 환자 마을에 목욕탕을 짓기로 결정하고 공사비를 모았다. 비용이 꽤 드는 일이라 돈을 모으는 것이 단만치 않았다. 그래서 연차 계획을 세웠다. 올해는 이 마을에 만들고, 내년에는 저 마을에 만들고. 시간이 많이 걸렸지만 환자들은 정말 좋아했다. 목욕을 하고 즐거워하는 환자들의 모습을 보고 수녀들도 기뻤다.

치료가 끝났는데도 갈 곳 없는 환자들

현실이 내 마음 같지 않아 실망도 많이 했다. 한 번은 치료가 끝난 청년을 집으로 돌려보내려고 했다가 오히려 더 큰 짐을 떠안은 경우도 있었다. 환자 청년의 집에 완치되었으니 아들을 데리고 가라고 연락했으나 내내 답이 없었다. 기다리다 지친 수녀는 청년의 집을 직접 찾아가 부모를 만나 보기로 결심했다.

주소를 물어물어 찾아간 환자 청년의 집에서는 가족들이 낭패한 모습으로 시름에 잠겨 있었다. 아들의 완치 소식에 기뻐하기는커녕 놀라고 당황하면서 제발 집으로 보내지 말아 달라고 애원했다. 너무도 간절하게 사정하는 바람에 마리안느 수녀는 어쩔 줄 몰랐다.

치료가 완전히 끝나서 전염 우려도 없고 정상적인 생활을 할 수 있다고 누누이 설명하는데도 부모는 아들이 돌아오면 이 마을에서 더 이상 살 수 없다고 하소연했다. 마을 사람들이 자신들을 쫓아낼 것이라고 단언했다. 당시에는 실제로 그랬다. 한센병에 대한 공포가 지나치게 커서 한센병 환자 경력이 있으면 아예 마을에 들어갈 수가 없었다. 마리안느 수녀는 부모를 설득하고 또 설득했다.

그러나 오히려 청년의 자활 책임까지 떠안고 말았다. 환자 부모는 자신들은 어떻게 해볼 방법이 없기 때문에 병원에서 대책을 세워 달라고 간청했다. 치료가 끝났으니 데려가라고 부탁하려고 왔는데 환자의 장래까지 책임져야 하는 부담까지 안고 돌아온 것이다. 발길이 무거웠다. 한센병에 걸리면 그냥 버린 자식으로 취급할 수밖에 없는 한국 사회의 인식을 바꿀 방법도 없었다. 그 후 청년은 마리안느 수녀와 박경자 간호과장의 주선으로 정착촌에서 자립 기반을 마련하고 사업을 시작해서 사회에 복귀하는 데 성공했다. 결혼을 하고 아이도 낳아 훌륭한 가정을 꾸렸다.

"내 집에 찾아오는 분들은 모두 예수님이야"

환자들을 돌보는 것 외에 손님 접대도 큰일이었다. 사제들을 돌보고 편하게 모시는 일은 '그리스도왕의 시녀회'의 중요한 임무였다. 말 그대로 시녀의 일을 하는 것이다. 숙소 바로 아래 집에 손님방을 마련하고 사제와 수도사들을 맞았다. 나이가 들어 힘에 부쳐서 치료 봉사를 오전 세 시간으로 줄인 후에도 손님 접대는 계속했다.

손님들이 마음 편하게 쉴 수 있도록 열성을 다해 모셨다. 더운 날씨에는 그냥 앉아 있어도 지치는 법인데 방 안을 청소하고, 매끼 따뜻한 식사를 만들어 주고, 빨래까지 온갖 궂은일을 마다하지 않았다.

옆에서 이런 모습을 보는 병원 간호사들은 찾아오는 손님들을 원망하기도 했다. 환자들을 돌보는 것도 벅찬 노인인데 뒤치다꺼리까지 해야 하는 수녀들이 딱하기만 했다.

그러나 싫은 내색을 찾아볼 수 없었다. 힘들지 않느냐고 물으면 가볍게 미소만 지을 뿐이었다. 사제들을 접대하는 일을 이제는 좀 줄이도록 대책을 세우라고 주변 사람들이 권유했을 때 마리안느 수녀는 이렇게 했다.

"내 집에 찾아오는 분들은 모두 예수님이야. 예수님을 모시는 것은 감사할 일이고 더없는 영광이지. 전혀 힘들지 않아."

개인 손님들도 많았다. 후원하는 지인들이 수시로 찾아왔지만 누구라고 알리지 않았다. 선행은 모르게 하는 것이라는 본보기였다. 수녀들을 후원하는 사람들은 겉으로 드러나지 않았지만, 마음으로 통하고 있었다. 이들이 찾아오면 수녀들의 표정이 어느 때보다 밝았다. 이들과 어울려 이야기를 나누는 모습에서 소록도 사람들은 천국을 보았다. 어려움을 나누면 행복해지는 살아 있는 증거였다.

상은 부끄럽고 불편하다

드러나는 것을 극도로 싫어하는 수녀들에게 상을 주는 것은 더욱 힘들었다. 계기만 있으면 국가에서, 단체에서 상을 주겠다고 연락했지만 수녀들은 받아들이지 않았다. 수백 장의 감사장과 공로패를 거절했다. 언론에 공개되는 것을 꺼렸던 만큼 상을 받는 것도 싫어했다.

1994년 오스트리아 정부의 훈장도 한사코 거절해 주한 오스트리아 대사가 직접 소록도에 와서야 전달할 수 있었다. 회갑 때 병원측에서 조촐한 파티를 해주려고 준비했지만, 수녀는 기도를 하러 간다는 핑계를 대고 2주일간이나 섬을 떠나기도 했다.

그러나 예외도 있었다. 마리안느 수녀가 예순다섯의 나이였던 1999년, 호암재단이 주었던 호암상이었다. 그때까지 30년 이상 함께 환자를 치료했던 박경자 간호과장이 나섰다. 어떤 반응을 보일지 잘 알고 있었던 박 과장은 구실을 만들어 냈다. 그냥 상을 받으라고 하면 받아들이지 않을 것이 뻔했기 때문에 상금을 이유로 댔다. 상금이 1억 원이나 되니까 받아서 환자들을 위해 사용하면 큰 보탬이 되지 않겠냐고 설득했다. 잠깐 흔들렸지만 내키지 않는 표정이 역력했다.

박 과장은 내친김에 "마음이 불편한 일은 어떻게 그렇게 하지 않으려고 하느냐. 이것도 희생이다. 싫지만 좀 참으라"고 간곡히 권했다. 박 과장을 쳐다보며 한참을 생각하던 마리안느 수녀는 마침내 고집을 꺾었다. 그렇게 해서 호암상을 받았다.

상을 받으러 서울 나들이를 한 수녀는 장관을 만나고 언론의 조명을 받았지만 내내 불편해 보였다. 1억 원의 상금은 쳐다보지도 않고 환자 기금으로 넣었다.

대수술을 하고도 변함없는 생활

호암상을 받은 이듬해 마리안느 수녀는 대장암에 걸렸다. 나이가 들면서 몸이 예전 같지 않다는 생각은 하고 있었지만 암에 걸린 줄은 까맣게 몰랐다. 조금만 움직여도 기운이 빠지고 아침에 일어나기도 힘들었다. 그러나 새벽 5시 기상은 변함이 없었다. 환자 치료도 그대로 계속했다.

수술을 해야 한다는 병원 진단이 나오자 그제서야 봉사를 중단하고 수술을 위해 오스트리아로 갔다. 반년 동안 병원에 입원하고 수술을 세 차례나 받았다. 장을 1m 20cm나 잘라냈다. 마리안느 수녀가 치료를 받으러 떠난 뒤 소록도에서는 비로소 수녀의 자리가 그렇게 큰 줄을 실감했다.

치료실에서 모습을 감춘 마리안느 수녀의 회복을 위해 환자들은 진심으로 기도했다. 여태까지 받기만 하다가 비로소 돌려주는 기도였다. 항상 주변에서 사람들이 떠나는 것만 보아 왔던 환자들은 마리안느 수녀도 떠날 것이라고 생각했다. 그러나 그냥 떠나는 것이 아니었다. 저 세상으로 떠나는 것이었다. 언젠가는 우리 곁을 떠날 것이라고 생각해 왔는데 40년 가까운 세월이 지났다. 이제는 떠나지 않는다고 믿었는데 암에 걸려 목숨이 위태롭다고 했다. 환자들은 처음으로 환자가 아닌 정상인을 걱정했다. 그리고 목숨을 구해 주십사고 간절하게 빌었다.

환자들의 기도 덕분인지 마리안느 수녀는 무사히 치료를 끝내고 소록도로 돌아왔다. 수술 때문에 많이 수척해진 모습이었지만 이전과 다름없이 매일 아침 환자들을 돌보기 시작했다. 죽을 고비를 넘겼으니 이제는 고국으로 돌아갈 줄 알았는데 아직도 아픈 몸을 이끌고 치료실에 앉아 있는 노랑머리 할매는 알 수 없는 사람이었다. 자신을 위해서는 아무것도 할 줄 모르는 수녀가 더없이 고맙기는 하지만 그래서 환자들은 더 미안했다.

대수술을 받고서도 생활은 변함이 없었다. 새벽 기도도, 아침 8시 미사도 빠지지 않았다. 치료실 봉사도 여전했다. 오후에 죽을 쑤어서 환자들에게 나눠주는 것도 이전과 똑같았다. 아침만 되면 치료실 주변은 다시 활기에 넘쳤다.

그동안 휴가도 제대로 가지 않고 무리를 한 것이 병을 만들었다고 충고했지만 쉬는 것을 볼 수 없었다. 휴가는 3년에 한 번, 5년에 한 번 오스트리아에 갔다 오는 것이 고작이었는데 휴가를 기다리는 것 같지도 않았다. 오스트리아 집으로 휴가를 가도 불편해서 날짜를 채우지 않고 소록도로 돌아오곤 했다. 소록도 생활이 20년, 30년을 지나면서 오스트리아가 더 불편한 곳으로 변했기 때문이다. 오스트리아에서는 공통 화제도 없었고, 할 일도 없었고, 이웃 사람들은 낯설기만 했다. 도착한 첫날부터 소록도 생각만 한다고 고백했다. 소록도가 진짜 고향이 된 것이었다.

그러나 이제는 떠나야 한다

소록도가 고향이고 집이지만

두 수녀는 나이가 일흔이 가까워 오면서 환자들보다도 더 소록도 사람이 되어 갔다. 이미 소록도에서 생을 마감하겠다고 마음을 먹고 있었다. 환자들처럼 소록도에서 죽으면 화장될 것이라는 예상도 했다. 그러나 수녀 할매들은 소록도를 떠나야겠다는 생각을 하기 시작했다.

마리안느 수녀는 암 수술까지 하고 나서는 건강을 자신할 수 없었고, 나이가 더 들면서 봉사가 아니라 짐이 될 수 있겠다는 걱정이 앞섰다. 제 몸도 추스르지 못한다면 소록도에 있을 이유가 없었다. 아무리 오래 살았다고 하더라도 소록도는 이국땅이었다.

떠나야 한다는 생각을 하게 된 결정적인 계기는 박경자 간호과장의 정년퇴직이었다. 소록도에서 태어나 외지에서 공부를 하고 소록도 병원으로 발령을 받은 박 과장은 수녀들과 가장 가까운 사이였고 대변자였다.

그동안 새로운 병원장이 발령을 받아서 부임해 올 때마다 수녀들은 "이제는 필요 없으니 본국으로 돌아가라"고 할 것을 제일 두려워했다. 환자들을 위해 거의 평생을 바쳤지만, 정부나 병원의 시책에 맞지 않는다면 아무 힘이 없었다. 그냥 봉사로 일을 하고 있는 수녀들의 입지는 약했다. 공무원처럼 신분이 보장된 것도 아니었다. IMF로 소록도병원에도 구조조정의 바람이 몰아닥쳤을 때 수녀들의 걱정은 태산이었다. 이런 일이 있을 때마다 박 과장은 수녀들에게 바람막이였고, 의논 상대였다.

이런 박 과장이 정년퇴직을 하고 나자 수녀들은 동요했다. 소록도에서 태어난 사람도 때가 되면 물러나는데 외국인인 자신들이 훨씬 더 많은 나이에 계속 머물러 있다는 것이 부담으로 다가왔고, 외국인이라서 누리는 특혜가 아닌가 하는 걱정까지 했다.

짐이 되지 않겠다는 염치

나이 들어서 주변 사람에게 피해를 주는 것은 봉사자가 절대로 해서는 안 되는 처신이었다. 그래서 이제는 떠나야겠다고 결정했다. 가장 가까운 몇 사람에게만 귀띔을 하고 비밀에 부쳐 달라고 신신당부했다. 그리고는 아무도 눈치채지 못하도록 하나씩 정리하기 시작했다. 환자들에게는 만날 때마다 마음속으로 작별인사를 했고, 병원 직원들에게도 내색을 하지 않았다.

챙길 짐도 얼마 되지 않았다. 무엇이든 생기면 남에게 주는 버릇 때문에 가진 것이 거의 없었다. 필요한 조치를 다 하고 짐을 쌌지만, 마음을 정리하는 것은 쉽지 않았다. 43년 전 소록도에 도착하던 날, 주민들이 놀라던 모습과 처음 안은 아기들의 천진한 눈망울이 떠올랐다. 열심히 한다고 했는데 결과가 어떤지도 의문이었다. 점수를 매기는 것은 인간들의 몫이 아니었다. 소록도로 이끈 하느님이 하실 평가였다.

두 분 수녀와 나이 차이가 20년이나 나는데도 친구처럼, 큰 언니처럼 지내며 두 사람을 삶의 이정표로 삼았던 소록도병원 박성이 간호팀장은 할매 수녀들이 떠나는 것을 일주일 전에 알았지만 말릴 수가 없었다. 이제는 쉬셔야 할 때라고 생각하면서도 섭섭한 마음을 가눌 수가 없었다. 옆에서 지켜보며 그렇게 배우려고 노력해 왔는데 막상 떠난다고 하니 큰 기둥이 쓰러지는 느낌이 들었다.

주기만 했던 소록도의 삶

두 분 수녀는 남에게 주기만 했다. 상대방에게 필요하다고 생각되면 무엇이나 주었다. 내 것은 없었다. 남에게 주어야 마음이 편했다. 한동안 아무것도 주지 않고 있으면 불안해했다. 수녀들에게 주는 것은 소록도에서 해야 할 의무였다. 주지 못하면 소록도에 있어야 할 이유가 없다고 느끼는 듯했다.

의약품에서 위생용품, 옷가지, 생활필수품에 이르기까지 환자들에게 필요한 것이면 가리지 않고 후원을 받아 나눠 주었다. 수입 약품 조달은 전담이었다. 영양실조로 고생하는 환자들이 많아서 영양제와 우유도 부지런히 구했다. 독일과 스위스 자선단체에 도움을 청하기도 했다. 비가 새는 초가집도 현대식으로 고쳤다.

물품만이 아니었다. 환자들의 어려운 이야기를 들어주고 용기도 주었다. 고통과 슬픔을 나누어서 그 짐을 덜었다. 같이 고민하고, 같이 아파하고, 문제가 생기면 해결하기 위해 혼신의 힘을 쏟았다. 환자들의 자립을 위해 재활 치료에 노력했고, 정착촌 사업도 벌였다. 수녀회에서 보내오는 생활비를 모아 환자들의 우유와 간식비로 썼다. 매달 10만 원의 장기 봉사자 식비도 환자들을 위해 썼다. 노랑머리 할매 수녀들은 있는 대로 주는 사람들이었다.

그렇지만 줄 때는 남을 위해서라고 하지 않았다. 그저 나보다 못한 사람들과 나누는 것뿐이라고 생각했다. 그렇게 주기만 하면 어떻게 하느냐고 걱정을 하면 바보 같은 미소만 지었다. 주어야 돌아온다고 믿었다. 주어야 마음을 연다고 믿었다. 주어야 사랑과 믿음이 시작된다고 확신했다.

주는 것만 알았던 수녀들은 그러나 정작 자신들에게는 무섭도록 인색했다. 쓰던 물건은 절대로 그냥 버리지 않았다. 빗자루는 테이프를 붙여 쓸 수 있을 때까지 사용했다. 어떤 물건이라도 사용이 가능하면 끝까지 함께 하는 식구로 대접했다. 오래될수록 귀하게 여겼다. 낭비하는 일은 아예 하지 않았다. 필요 이상으로 재물을 쓰면 그것은 곧 죄악이었다. 쓰지 않는 물건만 있어도 낭비라고 생각했다. 침대를 놓아 주겠다고 해도 온돌방에 왜 침대가 필요하냐고 따져 물었다.

주기만 하는 수녀들도 받는 사람을 꾸짖는 경우가 있었다. 지나치게 자주 돈을 빌려 달라고 하면 "우리 부모들도, 형제들도 절약해서 남을 돕는다. 형편이 아무리 어려워도 절약하면 남을 도울 수 있다. 그것을 배워라. 손을 벌리기 전에 아끼는 법부터 배워라"고 가르쳤다.

수녀들은 또 욕심을 버려야 한다고 입버릇처럼 말했다. 마리안느 수녀는 나 역시 좋은 것을 갖고 싶은 마음은 마찬가지라고 했다. 그러나 그렇게 하면 곧 마음이 불편해지고 무슨 잘못을 저지른 것 같아서 그런 욕심을 부리지 않으려고 늘 애를 쓴다고 고백했다.

수녀들이 떠나고 난 이후

두 분 수녀가 떠나고 난 뒤 공백은 컸다. 수녀들을 찾아오던 분들도 발길을 끊었고 후원도 크게 줄었다. 환자들에게 큰 손실이었다. 병원이 개입하지 않고 환자들에게 곧바로 주어지던 후원 혜택이 사라진 것이다. 남몰래 이뤄지던 선행의 통로가 막혀 버렸지만 이제는 그 통로를 다시 열 수가 없다.

환자들의 쉼터도 없어졌다. 환자들은 늘 마음이 편하고 어떤 일이든 털어놓을 수 있는 수녀들에게 치료를 받고 싶어했다. 우유 한 잔을 얻어 마시면서 마음을 활짝 열던 치료실 분위기를 이제는 찾아볼 수가 없다. 고딘거리가 있는 환자들은 누구보다도 아쉬움을 크게 느끼고 있다.

살던 집은 그대로 보존하기로 했다. 수녀들은 가진 것이 없었고, 가지려고 하지도 않았기 때문에 남은 것은 일제 때 지어진 그대로인 붉은 벽돌집뿐이었다. 소록도병원 개원 90주년이 되던 2006년, 이 집에 마리안느와 마가렛의 문패를 달았다. '마리안느와 마가렛의 집'을 한국어와 독일어로 써넣고 그 아래에 소록도에 도착한 1962년 2월 24일과 떠난 2005년 11월 21일이 들어간 문패는 이 집 주인이 앞으로 영구히 두 수녀라는 것을 알리고 있다. 바꾸기를 싫어하는 두 사람의 성즈에 따라 집 내부는 일체 건드리지 않기로 했다.

집을 그대로 두면 오스트리아는 한국보다 춥기 때문에 두 분 수녀가 소록도에 와서 겨울을 지낼 수 있을 것이라는 기대도 해보지만, 아무래도 그럴 가능성은 희박하다. 소록도에 다시 나타났을 때 쏟아질 관심을 감당할 생각이 없을 것이기 때문이다. 그렇더라도 두 사람을 잊지 않기 위해서 집을 보존하는 것은 꼭 필요한 조치다. 하지만 평생을 바친 도움을 받고도 기껏 보답한다는 것이 살던 집의 보존뿐이다.

절약이 도움의 원천

오스트리아 인스부르크 집으로 돌아간 두 분 수녀는 지금도 소록도 생각을 하며 잠이 들고, 소록도 환자들을 위해 기도를 하고 있다. 전화를 받아도 첫 마디는 "할로"가 아니라 여전히 "여보세요"다.

박성이 간호팀장은 조금이라도 은혜에 보답해야겠다는 생각으로 상당한 무리를 해서 두 분 수녀가 사는 곳을 다녀왔다. 마리안느 수녀는 아버지가 지은 집에서 오빠·여동생과 함께 살고 있고, 마가렛 수녀는 기차로 20분 정도 떨어진 곳에 형제들이 마련해 준 아파트에서 생활하고 있었다. 두 사람은 노령 연금으로 한 달에 우리 돈 60만~70만 원을 받아빠듯하게 살고 있었다. 전기도 아끼고, 물도 아끼고 소록도에서와 마찬가지로 매사가 절약의 연속이었다. 이렇게 아껴서 돈이 좀 모이면 지금도 한국에 보내고 있었다.

"그렇게 하면 안 된다. 도와주기만 하면 그 사람들은 받을 줄만 안다. 이제는 그만해도 된다"고 강하게 말려 보았지만, 돌아온 답은 한결같았다.

"그래도 주어야 돼."

가톨릭부인회도 예상과는 너무 달랐다. 약품에서부터 병동 공사 비용까지 가톨릭부인회의 후원은 40년이 넘도록 쉬지 않고 계속됐다. 수녀들이 가져다 쓴 돈이 얼마인지 모를 정도로 많았다. 끊임없이 돈이며, 의약품이며, 우유며 보내왔기에 형편이 괜찮은 줄 알았는데 정반대였다. 보내온 돈의 원천은 절약이었다. 수녀의 부모님도, 형제들도 생활비를 아껴서 모은 돈을 소록도에 보냈다. 부인회 회원들은 살림이 넉넉하지 않은 주부들이었다. 먹을 것, 입을 것을 줄여서 그렇게 긴 세월 동안 소록도의 환자들을 도왔다. 남아서 보내준 것이 아니었다. 꼭 필요한 데가 아니면 쓰지 않고 알뜰하게 모은 귀중한 돈이었다. 회원들은 지금도 불우한 사람들을 도와주기 위해서 아끼고 또 아끼며 돈을 모으고 있었다.

43년 봉사의 후유증

마가렛 수녀는 오스트리아에 돌아가서도 양로원에서 호스피스 봉사를 하고 있지만, 건강이 좋지 않은 마리안느 수녀는 아무 일도 못하고 있었다. 소록도를 떠나면서 받은 쇼크로 심리적 공황 상태가 계속되고 있기 때문이다. 2년만 아무것도 하지 않고 지내면 새로운 일을 시작할 수 있을 것이라고 생각했지만 아직도 진전이 없는 상태다.

20대 후반까지 살았던 인스부르크도 너무 오랜 시간의 공백으로 모든 것이 낯설고 매사에 적응하기가 힘들었다. 무엇을 해도 서투르기만 하고 마음 편하게 갈 곳도 없었다. 만나고 싶은 사람조차 거의 없었다. 마음의 위안을 받을 수 있는 미사도 힘들기만 했다. 사회가 돌아가는 내용을 잘 몰라서 신부님의 강론을 제대로 이해하지 못했기 때문이다. 그러나 소록도 이야기만 나오면 생기를 찾고 너무나 좋아했다. 마리안느 수녀는 지금도 소록도를 마음에 담고 이

방인처럼 살고 있었다.

　박 팀장은 무엇이라도 해주고 싶었다. 고민을 거듭하다가 소록도 봉사 때문에 평생 한 번도 하지 못한 해외여행을 제안했다. 마리안느 수녀는 많이 망설였지만 박 팀장의 간청에 마지못해 허락했다. 그러나 마가렛 수녀는 양로원 봉사 때문에 여전히 시간을 낼 수 없었다.

　마리안느 수녀와 박 팀장은 소록도와 비슷한 터키의 해변으로 가려고 계획을 잡았다. 그러나 교통편이 여의치 않아 아픈 몸으로는 무리였다. 그래서 이탈리아 시칠리아 섬으로 여행을 떠났다. 처음 외국으로 놀러가는 여행이라 마리안느 수녀는 아이처럼 들떠 있었다.

　시칠리아 섬은 소록도와 비슷한 분위기여서 일주일 동안 수녀는 정말 즐거워했다. 소록도에서 수영을 하던 옛날 모습 그대로였다. 리조트에 머물면서 나온 음식은 평생 처음 먹어 본다고 감탄했다. 아무리 사소한 것이라도 모두 처음이라고 좋아하는 수녀의 모습을 보고 박 팀장은 목이 메었다. 43년이 넘는 소록도 봉사가 남긴 또 하나의 후유증이었다.

　마리안느 수녀는 꿈같은 일주일이라고 했다. 그리고 분수에 맞지 않는 대접을 받았다며 미안해하고 감사했다. 평생 주기만 하고 받을 줄 몰랐던 마리안느 수녀. 받는 것에는 너무나 서툴렀고 불편해했던 수녀가 처음으로 남의 호의를 받아들였던 짧은 여행이었다.

여행을 다녀온 뒤 마리안느 수녀의 건강이 크게 좋아졌다는 연락을 받고 박 팀장은 하느님께 감사드렸다.

떠난 지 2년밖에 되지 않았지만, 두 분 수녀는 점점 잊혀져 가고 있다. 도움을 받은 혼자들은 한 사람씩 세상을 떠나고 있고, 두 수녀를 알았던 병원 직원들도 자꾸 줄어들고 있다. 이제는 좋아진 여건으로 외국인 봉사자가 해야 할 일이 1960년대처럼 그렇게 많지 않은 것도 두 수녀가 잊혀져 가는 또 하나의 이유다. 외국인 봉사자가 왜 필요한지 묻는 사람이 있을 정도다. 그러나 치료는 고사하고 굶주림에 시달렸던 1960년대 우리 형편과 그분들이 한 희생을 생각하면 이렇게 쉽게 잊어 가는 현실이 안타깝기단 하다.

에필로그

한 동네
두 할머니의 염치

가진 것 다 내놓은 두 할머니

생활보호대상자. 여든이 넘은 나이에 혈육도, 친지도, 가족도 없는 혈혈단신의 두 할머니. 한 동네에 살고 있는 할머니들이 짐작조차 할 수 없는 기부를 실천하며 모두의 가슴을 울렸다. 그렇게 딱한 처지에서도 가진 것을 있는 대로 내놓고 남을 위한 삶을 선택했다.

할머니들의 나이를 생각하면 먹는 것, 입는 것 그리고 오래 살아야겠다는 욕망이 더 클 수도 있었다. 돈에 대한 애착은 나이가 들수록 더 강해진다고 했다. 그러나 평생 여자 혼자 몸으로 거칠고 고단한 삶을 이어 왔음에도 자신보다 더 어려운 사람들을 걱정했다. 그러고는 찢어지는 가난 속에서도 아끼고 또 아껴서 모은 돈을 기꺼이 내놓았다. 정말 훌륭한 사람들은 우리 사회의 제일 밑바닥에 있음을 할머니들은 직접 행동으로 보여주었다.

김춘희 할머니

전세금도, 장기도, 시신도

김춘희 할머니는 여든의 나이가 됐던 2005년 새해 벽두에 살고 있던 방 전세금을 사회에 내놓았다. 부엌과 화장실이 딸린 3평 가량의 다세대주택 옥탑방으로 전세금 1500만 원은 할머니가 평생 모은 재산이었다. 할머니는 자신이 죽으면 그 전세금을 불우한 사람들에게 써달라는 유언 증서에 서명했다. 장기와 시신까지 기증하겠다고 했다.

혈육 한 점 없는 혼자 몸으로 나라에서 주는 기초생활비로 근근이 살아가는 80대 할머니는 아름다운 기부의 주인공으로 언론의 조명을 받으면서 '옥탑방 할머니'로 유명세를 탔다. 한 달에 40만 원 남짓한 정부의 생계비로 겨우 살아가는 외로운 노인이 살고 있는 방 전세금을 아낌없이 내놓은 것이다. 나라에서 준 돈이니까 아끼는 것은 당연하고, 그래서 남으면 남을 돕는 데 쓰고 싶다고 담담하게 말했다.

'나라에서 돈을 줬기 때문에 방도 마련하고 살아올 수 있었어요. 어떤 돈인데 함부로 쓸 수 있나요. 살아 있는 동안 한 사람이라도 더 도왔으면 좋겠어요.'

각박한 세상에 한 줄기 빛이었다. 통장에 있는 돈도 조만간 모두 기부하겠다며 더 줄 것이 없어 미안하다는 할머니는 그러나 졸지에 사회의 주목을 받게 된 것을 몹시 부담스러워했다. 유언 증서 서명식에서는 인터뷰도 한사코 거절했다. 당연한 기부이니 칭찬받을 이유가 없다는 것이었다. 별것도 아닌 일로 성가시게 만들어 오히려 미안하다고 했다.

"조금 있는 것 좋은 데다 쓰고 싶어 기부한 것뿐인데 일이 너무 크게 벌어졌어. 이제는 신경 쓰지 마."

거친 삶 속에서도 무엇이라도 생기면 남에게 주어야 마음이 편한 할머니였다. 재물을 가지고 있으면 불편하고, 그것도 나라에서 준 것이라고 생각하니 더 불편하고, 그래서 기부하는 것이니 대단할 것도, 칭찬받을 일도 아니라는 것이다.

그런데도 온통 화제가 되고 있으니 더 부끄럽고, 그래서 또 미안하고. 하지만 할머니의 기부에 대해 유별나게 호들갑을 떨었던 것은 사실 우리 사회가 각박해지고 있는 세태를 반성하고 있다는 증거였다.

고아원 봉사 20년

할머니의 삶은 신산했다. 북한 땅인 강원도 금해군 창도면에서 살다가 열아홉 살에 해방을 맞았던 할머니는 독립운동을 했던 기독교 신자 아버지를 인민군 손에 잃고 혼자 남한으로 넘어왔다. 할머니와 어머니 등 나머지 가족은 어떻게 됐는지 알 수 없었다. 기차를 타고 38선을 넘어와 청량리역에 내렸다. 갈 데가 없는 할머니는 역에서 노숙을 하면서 지냈다. 그때는 10월이라 추위를 견딜 수가 없었다. 서울역으로 자리를 옮겨 보았지만 추위와 배고픔은 여전했다.

계속된 노숙 생활에 지친 할머니는 동대문 청계천의 한 가게에 부탁해 청소와 허드렛일을 도와주고, 먹을 것과 입을 것을 얻어 생계를 이었다. 겨우 비빌 언덕을 찾았다며 안심하고 있었는데 6·25가 터졌다. 할머니도 피난민들과 함께 피난 기차에 올랐다. 남쪽으로 향하던 기차는 충남 홍성에 멈춰 섰고, 할머니는 피난민 수용소에서 한 달을 살았다.

수용소 생활을 하던 도중 하루는 고아원 원장이 찾아와 할머니에게 전쟁고아들을 모아 돌보는 일을 하지 않겠느냐고 제안했다. 남을 돕기 좋아하는 할머니는 두말할 것 없이 찬성했다. 홍성고아원에 모인 고아는 250명이 넘었고 당시 여건은 한없이 열악했다. 그렇게 시작된 고아원 생활이 무려 20년간이나 계속됐다.

고아들을 먹이는 것이 가장 큰일이었다. 아이들은 먹성이 너무 좋아 양식이 늘 모자랐다. 군청에 가서 보리쌀을 조금 더 달라고 떼를 쓰는 것이 일과였다. 운 좋게 보리쌀을 많이 얻는 날은 살맛이 났다. 간장과 된장을 얻는 것도 문제였다. 난리통에 곡식도 얻기가 힘든데 반찬을 구하는 일은 더 힘들었다. 먹을 것을 얻느라 지쳐서 돌아와도 아이들을 먹여야 했다. 된장에 새까만 보리밥이 전부였지만, 아이들이 얼마나 잘 먹는지 그걸 보는 재미에 살았다.

아이들을 먹이고 입히는 것 외에도 학교에도 보내야 했고, 아프면 또 병원에도 데려가야 했다. 이만저만 바쁜 것이 아니었다. 결혼은 아예 꿈도 꿀 수 없었다. 일에 쫓겨서 시간도 없었고, 주변에 남자도 없었다. 스스로 내 팔자에 결혼은 없다고 포기했다.

그러나 할머니는 보통 사람과 달랐다. 고아원에서 그렇게 재미있게 살았다고 했다. 남을 돌보면서 바쁘게 사는 것이 제일 큰 재미라고 했다. 남을 위해 희생하는 것이 얼마나 기쁘고 즐거운 일인지 해보지 않으면 절대로 모른다고 힘주어 말했다. 그렇게 힘들게 봉사하고도 월급을 받지 않았다. 고아원 형편을 생각하면 월급을 준다고 해도 차마 받을 수가 없었다. 드물게 돈이 들어와도 아이들 옷과 신발을 사는 데 다 들어갔다.

이렇게 고아들을 돌보았는데 아이들이 고아원을 떠나면 자기 살기 바쁜지 찾아오는 경우가 없었다. 보상을 바라고 한 일은 아니지만 할머니도 서운한 감정이 생기는 것은 마찬가지였다. 그래도 부모 없이 커가는 아이들을 보며 이 아이들이 바깥으로 나가면 그저 굶지나 않고 살아갈 수 있기를 기도했다. 사회에 나가면 어떤 처지가 될지는 불을 보듯 뻔했다. 불쌍하고 마음이 아팠다.

　그러나 부족한 재정에도 고아들을 제대로 키우려고 갖은 애를 쓰면서 바쁘게 보냈던 그때가 정말 행복했던 시절이었다고 할머니는 회고했다. 결혼은 못했지만 자식이 수백 명이었다. 보통 엄마들보다 열 배, 백 배 더 많은 자식을 키워 낸 할머니의 보람이었다. 힘들고 어려운 시절을 행복하게 보내도록 한 힘이었다. 남에게 사랑을, 물질을, 무엇이든 주기만 하면 더 큰 보상으로 돌아온다는 사실을 할머니는 이때 깨달았다.

다시 혼자 서울로

나이가 40대 중반을 지나자 고아들을 돌보는 일이 힘에 부치기 시작했다. 더 이상 고아원 생활을 하기 힘들었다. 고아원을 떠나고는 싶은데 입을 뗄 수가 없었다. 일손이 부족한 고아원 사정을 누구보다 잘 아는 입장에서 떠나겠다는 것은 염치가 없는 행동이었다.

　몇 달을 두고 고민을 거듭하다가 용기를 냈다. 예상 밖으로 고아원측은 오히려 할머니에게 미안해했다. 월급 한 푼 받지 않고 20년이나 말없이 아이들을 돌보아 온 할머니가 고맙기만 했던 것이다. 할머니가 떠나면 당장 큰일이었지만 더 이상 붙잡을 수도 없었다. 할머니는 모아 놓은 돈이 한 푼도 없었다. 주위 사람들이 걷어 준 차비만 달랑 들고 서울로 올라왔다.

　서울역에 도착한 할머니는 북한에서 처음 서울로 왔을 때처럼 숙박비도 없어 노숙을 했다. 세월이 30년 가까이 흘렀는데도 형편은 어쩌면 그때와 똑같았다. 아는 사람 하나 없고 주머니에는 돈도 없고. 그래도 그때는 역에서 처지가 비슷한 사람들이 꽤 많아서 다소 위안이 됐는데 두 번째 온 서울은 더 외롭고 암담했다. 무엇보다 꽃다운 처녀에서 중년 후반으로 나이를 먹은 터라 앞으로 닥쳐올 고생을 헤쳐 나갈 자신이 없었다. 고아원 식구들도 생각이 났다. 여의치 않으면 돌아오라고 했지만 고아원 살림에 방해가 되면 안 된다는 생각에는 변함이 없었다.

서울역에서 노숙을 시작한 지 사흘째 되던 날 아주머니 한 분이 다가와 식모살이를 해보겠느냐고 물었다. 그 아주머니는 부산으로 내려가면서 할머니를 보았는데 돌아올 때에도 여전히 역에서 지내는 것을 보고 오갈 데 없는 사람이라는 생각이 들어 식모살이를 시켜 보기로 마음을 먹었다고 했다. 이유가 무엇이든 반갑고 고마운 제의였다. 하늘이 무너져도 솟아날 구멍이 있었다. 할머니는 흔쾌히 수락하고 두말없이 따라 나섰다.

할머니는 그 아주머니 집에서 몇 달 동안 식모살이를 했는데 주인 아주머니는 성실한 데다 몸을 아끼지 않는 할머니를 굉장히 마음에 들어 했다. 무엇보다 정직하고 겸손한 태도에 믿음이 갔다.

그래서 아주머니는 때마침 인수한 을지로의 작은 호텔에 할머니를 데려가 대중탕과 이발소의 카운터를 맡겼다. 카운터 일은 고되지도 않았고 꼬박꼬박 월급을 받는 재미도 있었다. 할머니는 이 호텔에서 7~8년간 모처럼 안정된 생활을 하며 마음 편히 잘 지냈다.

봉사가 내 할 일

나이가 더 들어 예순을 바라보게 된 할머니는 카운터 일을 계속하기에는 나이가 너무 많다는 생각이 들었다. 홍성 고아원에서도 그랬던 것처럼 제대로 일을 처리하지 못하면 그곳이 어디이든 물러나야 할 때라고 마음먹고 있던 터였다.

오라는 데도 없고 갈 데도 없는 딱한 처지였지만, 늘 자기 분수를 생각하는 할머니였다. 호텔 이발소의 카운터 일을 그만두고 할머니는 평생을 그래 왔던 것처럼 남을 돕는 일을 해야겠다고 결심했다. 딱히 배운 기술도 없고 잘하는 일도 없으니 남은 인생을 조금이라도 뜻있게 보내려면 나보다 불쌍한 사람들에게 봉사하는 것이 자신이 할 수 있는 최선이라고 마음을 먹었다.

서울 구로동 고척교회에서 봉사활동을 시작했다. 교회 유치부 아이들을 돌보고 장애인들도 도왔다. 교회에서 일손이 필요하면 달려갔다. 할머니는 돈에 관심이 없었지만 돈이 모였다. 쓰지 않았기 때문이었다. 당신을 위해서는 살아가는 데 꼭 필요한 것이 아니면 돈을 쓰는 법이 없었다.

교회에서 적은 액수지만 돈을 주었고, 돌보던 아이들이 성장해 사회생활을 하면서 꾸준하게 용돈을 주었다. 그래서 차츰 돈이 쌓여 갔다. 노인대학에서 칠순 잔치를 할 때 또 돈이 들어왔다. 돈이 모였다고 해도 얼마 되지 않는 액수였지만, 할머니는 부담스러운 생각만 들었다.

"줘야 돌아오는 거야"

혈압과 당뇨 때문에 5년 동안이나 병원 치료를 받았는데, 이때 이웃들의 도움을 많이 받았던 할머니는 돈을 가지고 있어서는 안 되겠다는 마음을 먹게 됐다. 나을 병도 아니고 어느 날 그냥 가버리면 아무에게도 도움이 되지 않을 것 같았다. 가진 것이라고는 방 전세금에다 얼마 되지 않는 예금이었다. 그것도 재물이라고 포기하는 것은 쉽지 않았다. 얼마 안 된다고는 하지만, 단 돈 몇백 원이 없어서 밥을 굶고 역에서 노숙을 한 할머니에게는 큰돈이었다.

어렵게어렵게 살아온 사람이 가진 것을 포기하기가 더 힘들 것이라고 생각하기 쉽지만, 고생을 심하게 한 사람이 조건 없이 가진 것을 내놓는 경우가 많다. 그 고생이 어떤 것인지 잘 알기 때문에 손을 놓고 있을 수가 없다. 지난 고생을 다시 되돌아보며 기부라는 선행으로 옮겨 가는 것이다.

"방 한 칸 그까짓 거 얼마나 하나. 있는 거 몸만 빼고 싹 기부하니 이렇게 좋은걸. 이렇게 세상 편하고 좋은걸. 아무 걱정 없어, 지금 가도 마음이 편해. 나는 그렇게 살아."

이렇게 말하는 할머니의 표정은 그렇게 평화스러울 수가 없었다. 할머니는 옥탑방 전세금을 사회에 기증한 그 다음 해 말 통장에

든 300여만 원을 또 기부했다. 그동안 한 푼 두 푼 쓰지 않고 모은 돈이었다. 가지고 있는 것은 몽땅 내놓겠다고 한 약속을 지켜 가고 있었다.

아무것도 가진 것이 없지만 남에게 베푸는 마음만큼은 세상 누구보다도 크고 넓었다. 남에게 주면 사랑과 믿음으로 돌아온다는, 체험으로 익힌 삶의 진리를 실천한 할머니의 힘은 자신의 처지와 한계를 인정하고 나보다도 못한 사람들에게 마지막까지 주겠다는 마음이었다.

"기부하는 건 좋은 거지. 있는 사람들이 조금만 더 내놓으면 잘 살 수 있거든. 줘야 돼. 줘야 돌아오는 거야. 안 주면 안 돌아오거든."

"남을 섬길 줄 알았으면 좋겠어"

김춘희 할머니는 몸이 많이 편치 않다. 최근 천식과 혈압이 갑자기 악화되는 바람에 병원에서 입원 치료를 받았고, 상태가 심각해 이번에는 죽을지도 모른다고 할머니는 생각했다. 그러나 상태가 조금 나아지자 퇴원을 고집했다. 오나 가나 혼자인데 병원보다 집에 있는 것이 나을 것 같다는 이유였지만, 병원에 폐를 덜 끼치려는 마음도 깔려 있었다.

복지관과 주변 사람들이 음식을 만들어 오고 할머니를 보살폈다. 병환 때문에 더 열심히 할머니를 챙기는 데 신경을 썼다. 그동안 살고 있었던 4층 옥탑방에서 1층으로 이사도 했다. 불편한 몸으로 계단을 오르내리기가 힘이 들고, 아래층 주인이 현관문을 잠그고 외출하면 이웃들이 음식을 가져와도 문이 잠겨서 툭하면 할머니가 굶었기 때문이다.

예전에 다리까지 크게 다쳐 온몸이 아프지 않은 곳이 없다는 할머니는 그래도 주일에는 꼭 교회에 나간다. 조금만 걸어도 숨이 차고 기력도 많이 떨어졌다. 그러나 가진 것을 모두 남에게 주고 난 뒤에는 표정이 더 밝았다.

"사람들이 좀 너그러워졌으면……. 나만 살려고, 내 것이 최고고, 남의 건 아무것도 아니라고 생각해. 남을 섬길 줄 알았으면 좋겠어."

김춘희 할머니는 자신을 먹여 살려 준 나라가 고마워 그 은혜를 갚고 싶었다. 그래서 죽고 나면 뒤에 남게 되는 전세금까지 사회에 기부했다. 가진 것을 전부 내놓고 난 후 김춘희 할머니는 진정한 평화와 안식 속에서 자신의 굴곡 많은 인생을 정리하고 있었다.

박영자 할머니

마음의 빚 갚기 위해 평생 모은 1천만 원 기부

같은 동네에 살면서 김춘희 할머니보다 나이가 다섯 살이나 많은 박영자 할머니가 2007년 새해를 또다시 환하게 밝혔다. 같은 기초생활 수급권자 형편에 평생 모은 1천만 원을 기부한 것이다. 김춘희 할머니의 옥탑방 기부 이후 2년 만의 일이었다. 똑같이 사고무친의 처지에서 같은 동네, 같은 80대 두 할머니가 나란히 실천한 이웃 사랑이었다. 우리 사회에서 진정으로 가진 것을 나누는 사람들은 지지리도 가진 것이 없는 늙은 할머니들이었다.

박영자 할머니의 1천만 원은 삯바느질과 가정부, 공공근로 등 험한 일을 하면서 평생 모은 돈이었다. 이제 할머니에게 남은 것은 보증금 900만 원짜리 전세방뿐이었다. 여섯 평 정도의 공간으로 한 사람이 누우면 꽉 찰 정도로 비좁아 기부를 받은 모금회는 더 나은 방이라도 얻으라고 끝까지 말렸지만 할머니의 고집을 꺾을 수가 없었다. 할머니는 한 술 더 떠 생활비는 나라에서 나오는데 돈을 갖고 있으면서도 진작 내놓지 못한 것이 정말 부끄럽다고 했다.

최하급의 생활을 하면서도 나라에서 생계를 책임지는 것이 미안하고 그렇게 해서 모은 돈을 가지고 있는 것이 부담스럽다는 할머니. 선뜻 돈을 내놓지 못한 자신이 부끄럽다는 할머니. 같은 동네 길에서 김춘희 할머니를 보며 마음의 짐을 지고 살았다는 할머니.

"그동안 늘 무거운 짐을 지고 사는 것 같았어. 사회에 진 빚을 갚아야 마음이 편해지는 것을……."

아끼고 또 아끼고

1920년 경북 문경에서 태어난 박 할머니는 당시로서는 여자가 들어가기 힘든 보통학교를 졸업했다. 아버지가 경찰이라 유복했던 집안 덕분이었다. 마을 사람들의 부러움 속에서 행복한 어린 시절을 보냈지만 스무 살 때 결혼한 남편이 갑자기 병으로 세상을 떠나면서 고단하고 외로운 생활이 시작됐다. 남편은 아이도 남기지 않았.

이후 삯바느질로 생계를 이어 가다 경주에서 남의집살이를 했다. 그 집 아이를 키우고 집안일을 도우면서 15년의 세월을 보냈다. 앞으로의 계획은 생각할 엄두도 내지 못했고 희망도 없었다. 자신의 문제를 상의할 상대도 없었다. 오빠와 동생까지 일찍 세상을 떠나 세상에 피붙이 하나 없었다.

그러나 할머니는 큰마음 먹고 일생일대의 결단을 내렸다. 남의 집살이를 접기로 한 것이다. 중년도 중반을 넘어선 나이에 더 미룰 수가 없었다. 큰 용기를 내서 경주를 떠났지만 갈 데가 없었다. 어디를 가도 마찬가지라고 생각한 할머니는 그래도 벌어먹기가 아무래도 수월한 서울로 무작정 올라왔다.

영등포와 가깝고 없는 사람들이 모여 사는 신정동에 자리를 잡았다. 타고난 건강 체질에다 생활력이 강한 할머니는 삯바느질 외에도 온갖 거친 일을 닥치는 대로 하면서 알뜰살뜰 돈을 모았다. 그 돈으로 전세방을 얻은 뒤 다행스럽게도 기초생활 수급자가 된 덕에 기본 생계비는 모두 나라에서 나왔다. 그때부터 버는 족족 돈을 모을 수 있었다.

나이가 여든 중반을 넘겼는데도 박영자 할머니의 건강은 아주 좋은 편이다. 안색도 좋고 신체도 아직 정정하다. 아프면 주변 사람들에게 폐를 끼치게 될 것이니 그나마 다행이라고 생각하고 있다. 식사는 돈을 아끼려고 가능하면 복지관에서 해결하거나 도시락을 배달받는다. 한 달에 45만 원씩 정부에서 나오는 돈은 어떻게든 아껴 쓰려고 애쓴다. 먹는 것도 입는 것도 아꼈다.

베풀고도 더 외로운 현실

1천만 원을 기부한 뒤 할머니는 친구들과 잘 어울리지 못하고 있다.

사회에 큰돈을 기부하면서도 자기들을 도와주지 않았다고 몹시 서운해하기 때문이다. 할머니는 늘 혼자 다닌다. 할머니를 도우러 나오는 복지관 사람들 말고는 만나는 사람도 거의 없다. 복지관에서도 식사를 혼자 하는 경우가 많다. 할머니는 언론을 싫어한다. 보잘 것없는 기부를 크게 떠벌려서 자신을 불편하고 부끄럽게 만들었다고 생각한다.

"있는 돈 다 내놓고 이제 가진 것이 없는데 도둑이 돈 있는 줄 알고 들어올까 무서워.'

염치가 있는 사람은 자랑하지 않는다. 젊은 시절 볼펜장수를 했던 60대 사업가는 두 차례에 걸쳐 60억 원이나 되는 거액을 난치병 어린이를 위해 써달라고 기부하고는 언론을 피했다. 가진 것을 모두 내놓고도 박영자 할머니는 이전보다 더욱 외롭게 지내고 있다.

두 할머니에게 남아 있는 시간은 얼마 되지 않는다. 자식도 없다. 재산도 없다. 단 한 번도 제대로 된 삶을 누려 본 적도 없다. 남은 것은 남들보다 몇 배나 고생을 하느라 지치고 늙은 육신뿐이다. 스스로 생각해도 불쌍하고 가련한 인생이다. 하지만 나라에서 주는 돈으로 먹고 살았으니, 쓰고 남은 돈을 사회에 돌려주는 것은 당연한데도 더 빨리 기부를 못 해서 미안하고 또 부끄럽다고 했다.

그러나 부끄러워해야 할 사람은 할머니들이 아니었다. 우리 모두였다.

가진 사람은 셀 수도 없이 많다. 그러나 가진 것을 나누는 사람은 찾아보기 힘들다. 많이 가질수록 베푸는 사람은 더 드물다. 오히려 보잘것없는 할머니들이 나눔을 이어 왔다. 5년 동안 하루도 빠지지 않고 동네를 돌며 폐지와 빈병을 주워 팔아서 모은 돈 300만 원을 장학금으로 내놓은 할머니. 자식을 가르쳐 준 은혜에 보답하기 위해 대학에 땅을 기부한 할머니. 김밥 할머니, 젓갈 할머니……. 수많은 선행 할머니들이 어느 누구도 돌아보지 않는 우리 사회의 그늘에서 소중한 불을 밝혀 왔다. 조금이라도 더 가지고 있는 우리는 그래서 송구스럽고 또 부끄럽다.

우리를 쳐다보고 있다

이제 사회는 점차 부끄러움이 없는 곳으로 바뀌고 있다. 사람답게 사는 것의 의미가 바뀐 것이 아니라면 그 반대 방향으로 내달리고 있는 형국이다. 부끄러움을 느끼는 시스템이 작동을 멈춘 곳에서는 자신의 한계를 알 수도 없고, 도덕적으로 옳고 그름을 판단하기도 힘들다. 좀 더 나아지겠다는 건강한 욕구까지 사라지면서 본능에 의한 욕망만 남게 된다. 사람임을 포기하는 단계에 이르는 것이다.

앞으로 사회가 어떻게 변할지는 알 수 없다. 분명한 것은 부끄러움이 있어야, 그리고 염치가 있어야 건강한 공동체를 이룰 수가 있고, 나와 남의 분명한 경계 속에서 조화로운 삶을 이어갈 수가 있다는 점이다. 부끄러움을 이겨내자는 것이 아니라 부끄러워하자는 것이다. 뻔뻔함과 무례를 될 수 있는 한 멀리하자는 것이다. 내가 못났고, 내가 잘못했고, 모든 것이 내 탓이고, 그래서 내가 미안하고, 이런 사람들은 바보가 아니다. 부끄러움 때문에 무시당하고 사람대접을 제대로 못 받지만, 사회를 건강하게 이끌고 가는 보배들이다.

지금 우리에게 부끄러움을 아는 마음인 염치는 그 어느 때보다 더 절실하다. 칠순이 넘은 외국인 수녀들이 머나먼 오스트리아에서 우리를 걱정하고 있다. 초라하기 짝이 없는 할머니들이 우리를 쳐다보고 있다. 너희들도 부끄러움을 알고 그것을 실천하는 마음을 가져 보라고 충고하는 듯하다.

후기

17대 이명박 대통령이 취임하면서 대한민국은 다시 새로운 출발점에 섰다. 18대 국회의원 선거도 끝났다. 그러나 여러 가지로 조짐이 심상치 않다. 영어 열풍으로 온 나라가 들끓고, 부자 내각을 바라보는 국민들의 눈길도 곱지 않다. 미국 경제의 침체는 경제 살리기에 힘을 쏟고 있는 새 정부의 발목을 잡고 있고, 대운하 사업에 대한 여론은 갈수록 부정적으로 변하고 있다.

대통령 탄핵 파동으로 열린우리당이 과반이 넘는 집권당으로 화려하게 등장했던 4년 전 총선 못지않게 이번 선거판에서도 인물과 정책 평가는 뒷전이었다. 더구나 주요 야당 대표들이 여당인 한나라당 출신이라는 이상하기 짝이 없는 구도 속에서 공천을 둘러싼 계파 싸움만 치열해 유권자들은 어떤 후보를 선택할지 헷갈리기만 했다. 보수 진영끼리 싸우는 선거 유세도 염증을 일으켰다. 부동층은 그 어느 선거 때보다 많았고, 투표율은 사상 최저였다.

그러나 국민들은 새 정부가 일을 할 수 있도록 여당에게 과반 의석을 몰아주었다. 동시에 정부를 견제할 수 있도록 야당들에게도 힘을 실었다. 서로 이해하고 힘을 합쳐서 나라를 이끌고 가라는 주문이었다. 선거는 끝났지만 한나라당 복당 갈등에다 무소속 의원 영입, 당권 싸움 등 정치권의 앞날은 여전히 험난하기만 하다.

이렇듯 어려운 여건에서 중심을 잡고, 모두의 힘을 모아 함께 헤쳐 나가기 위해서는 어떤 상황이 닥쳐도 남의 탓을 하지 않고 내 잘못을 받아들여 진정한 이해와 화합을 이끌어내는 염치의 덕목이 꼭 필요하다. 국민을 섬기고자 하는 대통령에게도 그렇고, 임명에 진통을 겪었던 국무위원들에게도 그렇다. 선진사회로 한 단계 올라서는 데 남을 배려하고 양보하는 품격은 모두에게 필수적이다. 이번 총선에서 부끄러움을 아는 분들이 국회의원으로 많이 뽑혔으면 하는 희망을 가져 본다. 대한민국의 진정한 변화는 그 희망에서 시작될 것이라는 믿음 때문이다.

한참을 지난 일인데도 기억을 더듬어 빠짐없이 알려 주신 소록도병원 박경자 전 간호과장님과 박성이 간호팀장님에게 다시 한 번 감사의 인사를 드리고, 취재를 도와준 박환일·정영화·김수진 씨에게도 고마움을 전한다. 또, 염치가 지금 우리 사회에서 반드시 짚어야 할 가치라는 생각으로 망설임없이 책 출판을 성사시켜 준 '나무와숲' 최헌걸 사장과 이경옥 주간께 진심으로 감사드린다.

2008년 4월
김학희

대한민국부끄러운브:고서
염치 廉恥

초판 펴낸날 : 2008년 5월 6일

지은이 김학희
펴낸이 최윤정
펴낸곳 도서출판 나무오숲

등 록 22-2277
주 소 서울특별시 송파구 방이동 22 대우유토피아 1304호
전 화 02)3474-1114
팩 스 02)3474-1113
e-mail : namusup@chol.com

값 11,000원
ISBN 978-89-88138-95-3   03300

* 잘못 만들어진 책은 구입하신 서점에서 바꿔 드립니다.